우아한
잔소리

우아한 잔소리

초판 1쇄 발행 2018년 11월 20일
초판 2쇄 발행 2019년 11월 10일

지은이 ㅣ 홍은채

발행인 ㅣ 김병주
출판부문대표 ㅣ 임종훈
주간 ㅣ 이하영
편집 ㅣ 신은정, 박현조, 김준섭
디자인 ㅣ 홍윤이, 백설
마케팅 ㅣ 박란희
펴낸 곳 ㅣ (주)에듀니티(www.eduniety.net)
도서문의 ㅣ 070-4342-6114
일원화 구입처 ㅣ 031-407-6368
등록 ㅣ 2009년 1월 6일 제300-2011-51호
주소 ㅣ 서울특별시 종로구 인사동 5길 29 태화빌딩 9층

ISBN 979-11-85992-90-7 (13370)
값은 표지에 있습니다.

우아한
잔소리

홍은채 지음

에듀니티

우아한 선생님

어린 시절, 초롱초롱한 눈으로 선생님을 바라보며 나도 이다음에 커서 선생님이 되겠다는 꿈을 키웠습니다. 이제는 그 초롱초롱한 눈망울의 시선이 모이는 곳에 제가 서 있습니다. 공부를 잘 가르쳐주는 선생님, 친절한 선생님, 재미있는 선생님, 존경받고 존중받는 선생님이 되고 싶다는 야무진 꿈을 지닌 초임교사가 되었습니다. 그간 교육 서적을 잔뜩 사서 읽어보았고, 선배 교사들에게서도 다양한 사례를 접했습니다. 온갖 연수를 찾아다니면서 새로운 교육 방식에 도전해보았습니다. 그렇게 나의 교육철학을 하나둘 채워나가며 학교에 적응해가고 있었습니다. 하지만 아이들은 내 맘과 뜻대로 따라주지 않았습니다.

학교생활은 늘 전쟁이었습니다. 전장의 장수같이 하나부터 열까지 병사들을 챙기는 데 진이 쏙 빠졌습니다. 교사의 어린 시절이 다들 그렇듯 선생님 말씀 잘 듣고 착실한 모범생이었던 나는 학생들 생활의 사소한 것 하나하나를 점검하기가 힘겨웠습니다.

늘 잔소리를 해야 했습니다. 언제 어디서 폭탄이 터질지 모르는 이 전쟁터에서 헤어나올 수 없을 것만 같았습니다. 그러던 어느 날이었습니다. 고래고래 소리를 지르고 있는 내 모습을 보게 됐습니다. 내 입에서 나오는 소리들은 유치하기 짝이 없었습니다.

너희들에게 실망했어.
선생님한테 어떻게 이럴 수 있어?
지금 뭐하는 거야?
도대체 왜 그러는 거야?
이 이야기를 대체 몇 번째 하고 있는지 모르겠다.
똑바로 안 하니?
제발 좀 해라 해!

정신을 차리고 아이들을 바라보았습니다. 아이들은 멍한 표정으로 나를 물끄러미 바라보고 있었습니다. 순간 부끄러움이 밀려왔습니다. 아이들에게 반성하라는 핑계로 눈을 감으라고 하고 그 눈빛을 가려버렸습니다. 시계가 똑딱똑딱 흘러만 가고 교실의 정적은 깊어갔습니다.

정말 아이들의 잘못이었을까요? 잔소리를 들으며 아이들은 무슨 생각을 했을까요? 그 이후로는 잔소리하기가 겁이 났습니다. 잔소리라기보다 아이들 앞에서 일방적으로 내는 화 같은 것이겠지요. 하지만 '내 아이들처럼 예뻐해 줄거야'라던 다짐이 무색하게 어느덧 또 잔소리, 잔소리 중인 내 모습은 좀처럼 바뀌지 않았죠.

　왜 나는 '늘' 잔소리를 하고, '항상' 꾸짖고, '매사에' 엄하게 지도할까요? 잔소리가 효과적이었다면 처음 몇 번의 엄한 꾸짖음과 한두 번의 잔소리로 한 해가 편안해야 할 텐데…. 아이들의 문제 행동이 줄어야 할 텐데 왜 오히려 힘들어지기만 할까요? 어째서 일 년 내내 잔소리를 하고 또 하게 되었을까요? 잔소리를 아예 안 할 수는 없는 걸까요?

　아, 나도 한번, 우아하게 잔소리하고 싶다!

　아, 나도 한번, 일년 내내 잔소리 안 하는 우아한 선생님이 되고 싶다!

목소리 잃은 인어공주의 마음

첫 학교에서 발령 동기로 만난 친구들과 11년 지기 모임을 이어 오고 있습니다. 열정만 가득한 실수투성이 교사로 만난 우리는 어느새 후배가 꽤 많이 생긴 선배 교사가, 300여 명의 제자들과 동행해온 경력직 교사가 되었습니다. 우리는 만나면 육아나 소소한 일상부터 시작해 학급에서 일어나는 어려운 문제를 듣고 이야기 나누며 함께 고민하고 위로하며 힘을 얻었습니다. 때로는 학급 아이들의 성취에 같이 기뻐하고, 더 많이 관심 가질수록 더 멀어지려는 아이들과의 문제에 같이 울기도 했습니다.

그러던 어느 날 친구가 말했습니다. 오랫동안 소원해온 일을 하고 있다고, 그래서 참 행복하다고. 궁금해 물어보는 친구들에게 책을 쓰고 있노라고 말하는 내 친구에게서 갑자기 후광이 비치며 참 멋있어 보였습니다. 책 제목은 '우아한 잔소리'라고 했습니다. 제목을 들은 우리는 "어떻게 잔소리가 우아할 수 있어?", "진짜로 잔소리를 우아하게 해?" 하고 되물었고 우리는 한참을 우아한 잔소리에 대해 이야기를 나누었습니다. 친구는 이렇게 말했습니다.

"어느 날 문득 멍한 표정으로 나를 바라보던 아이들과 눈이 마주쳤을 때 뭔가 잘못됐다는 생각이 들었어. 이건 내가 원하는 것도, 아이들이 원하는 것도 아닌 아주 슬픈 새드 엔딩이라는 생각…. 그래서 아이들에게 생기를 불어넣어줄 고민을 하면서 생각을 바꾸고, 말을 바꾸며 부단하게 지금도 연습 중이고, 공부 중이야."

친구가 아닌 동료 교사로서 참 멋지다는 생각에 감탄을 하고 응원과 격려를 해주며 집으로 돌아오는 길. 그 무렵 10년차 이상 교사에게 흔히 찾아오는 성대 결절을 겪으며 매일 아픔으로 힘들어하던 나도 문득 '아, 나도 잔소리 좀 줄여야겠다. 내 목도 아끼고, 아이들 귀도, 마음도 아껴줘야겠다!'라는 다짐을 하게 되었습니다. 그리고 시작해봤습니다. 우아한 잔소리를. 아이들 사이에 다툼이 생겼을 때, 아이의 문제행동을 발견했을 때, 교사로서의 권위에 도전받는다고 느꼈을 때도 전보다 더 오래 지켜보고, 즉각적으로 튀어나오던 반복되는 말을 줄여보았습니다. 처음엔 조바심이 났습니다. 말하고 싶어서 입이 근질근질했지요. 그래도 '목소리를 잃어버린 인어공주'의 심정으로 꾹 참으며 더 지켜보고 더 들어주었습니다. 목소리의 주인 자리를 아이들에게 내어주니 1부터 10까지 꼭 말을 해줘야 바뀔 것 같던 아이가, 내가 100번 말을 해도 바뀔 희망이 없어보이던 아이가 자기의 감정을 표현할 줄도, 생각을 차분하게 말할 줄도, 다른 친구들의 목소리에 귀를 기울일 줄도 아는 아이라는 것을 새삼 발견하게 되었습니다. 굳이 교사가 마땅히 가르쳐야 한다는 사명감으로 하나씩 짚어주며 살피지 않아도, 아이들은 다툼과 실패 속에서도 배우고 성장하고 있음을 깨달아가고 있습니다.

아이들이 하교한 교실에서 하루를 돌아보며 생각해봅니다. '나는 오늘 하루 어떤 교사였나? 쓸데없는 잔소리는 또 무엇이었나?'라는 반성과 '아이들과 잔소리가 아닌 대화를 얼마나 많이 나누었는지, 아이의 관심은 무엇이며 아이의 성장을 위해 어떤 교육적 도움을 주어야 하는지'에 대한 성찰을 하면서 말이죠.

저자가 쓴 『우아한 잔소리』 속의 사례는 우리의 교실 상황과 참 많이도 닮아 있습니다. 그래서 책을 읽으며 나도 모르게 고개를 끄덕끄덕하며 맞장구치게 됩니다. 그리고 '도대체 이 상황을 어떻게 우아하게 해결한 거야?'라는 궁금증을 갖게 합니다. 『우아한 잔소리』는 열정은 가득하지만 경험이 부족한 저경력 교사에게는 수만 가지 교실 상황을 해결하는 데 길잡이가 되는 참소리가 되어주고, 경험은 많지만 고민도 많은 선배교사에게는 나를 돌아보게 하는 건강한 쓴소리가 될 것 같습니다. 오늘도 우아한 교사를 꿈꾸는 선생님들에게 홍은채 선생님의 『우아한 잔소리』를 추천합니다.

강우미 (광주큰별초등학교 교사)

CONTENTS

01. 잔소리쟁이 선생님께

"자신이 할 때는 좋지만 남이 나에게 하면
매우 싫은 것이 무엇인지를 사람들은 잘 모른다.
대표적인 것이 잔소리다."

- 김현수(신경정신과 전문의)

Odilon Redon
Portrait of Madame Redon Embroidering, 1880

선생님의 잔소리를 들어볼까요?

"아이를 하나하나 살펴보면 다들 예쁘고 사랑스러운데 교실에만 들어가면 말썽꾸러기, 장난꾸러기가 돼요. 도대체 왜 그런지 모르겠어요."

개인적인 면담 등 방과 후 일대일로 만날 때는 참 예의 바르고 천진난만한 아이입니다. 그런데 교실 안에서는 친구들을 괴롭히고 수업 시간에 잡담을 해서 자꾸 지적받는 아이가 됩니다. 이 아이의 문제행동을 어떻게 바로잡아야 할까요? 친구를 괴롭히지 말 것, 잡담하지 말 것, 반성문을 쓸 것 등등 잔소리와 훈계를 쏟아부어야 할까요? 그렇게 해서 아이의 문제행동에 변화가 생길까요?

선생님은 교실에서 어떤 잔소리를 주로 하게 되시나요? 공부에 대한 잔소리? 생활에 대한 잔소리? 친구 관계에 대해서도 일일이 잔소리를 하시나요?

선생님들이 자주 하는 잔소리 몇 가지를 아래에 제시해 두었습니다. 선생님과 똑같지는 않겠지만 비슷한 맥락에서 평소 자주 하는 잔소리에 체크를 하고 이 외에도 더 있다면 추가로 써보셔도 좋습니다.

□ 선생님이 방금 뭐라고 했니? (수업에 집중하는지 확인할 때)

□ 지금이 몇 시야? (시간을 잘 지키라고 하고 싶을 때)

□ 셋 셀 때까지 써. 하나, 둘, 셋! (교과서나 공책 정리할 때)

□ 뭐라고? 잘 안 들려. (발표하는 목소리를 크게 하고 싶을 때)

□ 꼭 선생님이 볼 때만 정리하니? (맡은 일을 잘 하지 않을 때)

□ 다 같이 해, 무임승차는 안 돼. (모둠활동에 참여하지 않을 때)

□ 친한 친구랑 같은 모둠은 안 돼. (자리배치할 때)

□ 이것도 먹어봐, 저것도. (편식 습관을 고쳐주고 싶을 때)

□ 모두 다 가져왔지? (준비물이나 숙제를 체크할 때)

□ 왜 너밖에 모르니? (다른 사람의 입장도 배려하기를 바랄 때)

□ 질 때도 있지, 매번 이기려고만 하니? (승부욕을 조절할 때)

□ 하루도 조용한 날이 없어! (싸움이 일어났을 때)

□ 친구 괴롭히면 안 돼! (친구를 따돌릴 때)

　이 외에 또 어떤 잔소리가 있나요?

□ _____

□ _____

□ _____

□ _____

□ _____

  많은 선생님이 알게 모르게 하루에도 수많은 잔소리를 하며 지냅니다. 그런데 효과 있는 잔소리가 있을까요? 있다면 몇 번의 잔소리만 해도 아이들이 더 이상 문제행동을 하지 않겠죠. 선생님은 잔소리할 때 기분이 어떤가요? 그리 유쾌하진 않을 겁니다. 저 역시 아이들에게 잔소리를 하는 와중에도 "선생님은 잔소리가 너무 싫은데 이렇게 또 잔소리를 하고 있다"면서 더 잔소리하기도 했습니다.

  한 선생님은 자신이 잔소리를 거의 안 한다고 생각하고 있었습니다. 그런데 막상 반 아이들에게 물어보면 매일 잔소리하신다고, 담임선생님 잔소리 듣기가 너무 힘들다는 이야기가 나오기도 합니다. 누군가 거짓말을 하고 있는 것일까요? 잔소리하는 선생님 입장에서는 그것이 잔소리라고 생각하지 않는 경우도 많이 있습니다. 아이들을 위해 하는 말이라고 생각했던 것이 정작 아이들에게는 잔소리로밖에 안 들렸던 것이죠.

잔소리가 잔소리로 끝나면 다행이겠지만 아이들에게 마음의 상처를 줄 뿐 문제행동 개선에는 전혀 도움이 되지 않는 경우가 많습니다. 당장은 약간의 변화가 있을지 몰라도 장기적인 해결책은 아닙니다.

선생님과 아이들이 이런 잔소리에서 벗어날 수 있는 방법은 바로 잔소리가 필요하지 않게 하는 것뿐이겠죠. 선생님은 잔소리하고 학생들은 잔소리 듣는 관계에서 벗어나기 위해서는 선생님부터 목표를 새롭게 할 필요가 있습니다. 바로 잔소리 안 하기! 아이들 스스로 변화할 수 있음을 믿고 기다리는 자세가 필요합니다.

아들러 심리학을 소개합니다

말이 쉽지 실천이 간단치는 않지요. 선생님은 끊임없는 의혹에 빠집니다. "어떻게 아이들을 믿지? 도대체 언제까지 기다려줘야 하지? 스스로 변화하는 아이들이 있긴 해?" 이런 질문들에 대답을 주는 〈아들러 심리학〉을 소개하고 싶습니다. 심리학의 3대 거장이라 불리는 알프레드 아들러Alfred Adler가 창시했지요. 백여 년 전에 아들러는 이렇게 말했습니다.

"아이들이 손을 무릎 위에 가지런히 얹고 조용히 앉아 있어야만 하는 학교는 이제 존재하지 않는다."

하지만 백여 년이 지난 지금도 권위적인 학교는 여전히 존재합니다.

아들러 심리학에서는 아이들의 기본 욕구인 소속감을 중요하게 다룹니다. 아들러 심리학에 따르면 아이들이 문제행동을 하는 것은 공동체에 소속되고 싶은 욕구의 표현일 뿐입니다. 아이는 몇 가지 부분적인 특성으로 이해될 수 없는 전체적인 존재로, 한 단면이 아닌 개인의 특성, 환경, 학급 공동체와의 상호작용과 역동 등의 다양한 측면을 종합하여 이해해야 한다고 합니다. 또한 아이들은 얼마든지 변화 가능하며 변화하고자 하는 용기만 있다면 언제든지 행복해질 수 있다고 했습니다. 그래서 아들러 심리학을 용기의 심리학 또는 행복론이라고 부르기도 합니다.

아들러 심리학은 인간 행동의 목표가 단 두 가지라고 보았습니다. 자립할 것 그리고 조화를 이루며 살아갈 것. 여기서 교육은 학생들이 자립할 수 있도록 '지원'하는 것으로 강제적인 '개입'이어서는 안 됩니다.

아들러 심리학이 전하는 내용은 쉽고 명쾌합니다. 전문 용어도 별로 없습니다. 마법 같은 해결책이나 이상적인 말도 없기에 너무나 뻔한 이야기처럼 느껴지기도 합니다. 하지만 그 속을 조금만 파고 들어가면 무척 어렵게 다가옵니다. 몸소 이해하고 실천해보기란 간단한 일이 아닙니다. 저는 일단 잔소리 안 하기, 또는 우아하게 잔소리하기라는 소박한 목표를 세워보았습니다. 이 여정에 선생님을 초대합니다. 세상의 수많은 민주적인 선생님, 격려하는 선생님, 존중하는 선생님, 경청하는 선생님을 응원합니다.

우아한 잔소리 8계명

1. 문제행동을 한 아이들의 원인이 아닌 목적을 찾습니다.

   (4부 보너스 잔소리 참조)

2. 실수에서 배움이 일어납니다. 실수를 두려워하지 않습니다.

3. 어떠한 잘못을 하더라도 평소 행동이나 태도까지 한꺼번에 비난하지 않습니다. 지금 일어난 문제행동에 관해서만 말합니다.

4. 학급 공동체 내의 집단토의를 이용합니다.

   (5부 집단토의 참조)

5. 자연스럽고 논리적인 결과로 문제 해결을 이끌어냅니다.

   (2부 2장 참조)

6. 모든 결정은 확고하게 유지하고 선생님이 임의로 바꾸지 않습니다. 이 과정에서 친절하면서도 단호한 선생님의 모습을 보여줍니다. (2부 3장 참조)

7. 스스로 결정한 일에 대한 책무성을 일깨워줍니다.

8. 칭찬과 보상보다는 꾸준한 격려로 긍정적인 행동을 강화합니다. (3부 3, 4장 참조)

02

교사의 상상은 현실이 됩니다

아는 선생님 한 분 없는 근무지로 가게 된 적이 있습니다. 아이들의 작년 생활에 대한 아무 정보가 없는 채로 새 학기를 맞게 되었지요. 새로 만날 아이들이 과거에 어땠건 앞으로 더 멋진 모습을 보여줄 것을 기대하며 부푼 마음으로 아이들을 만났습니다. 첫날부터 튀는 아이들이 있었지만 아이들 모두를 존중하려고 노력했지요. 그렇게 몇 달이 흐르고 하루는 다른 학년 선생님이 우리 반에 보결 수업을 하러 오셨습니다. 그 선생님은 우리 반에 있는 한 아이를 보고 깜짝 놀라셨습니다. 작년에 그 아이의 담임선생님이 무척 힘들어해서 기억하고 있었는데, 올해는 아무 얘기가 없어서 전학을 갔겠거니 생각하고 있었다는 겁니다. 그런데 그 아이가 몰라보게 달라진 모습으로 교실에 앉아 있는 걸 발견한 거죠.

사람은 스스로 생각하는 자기 모습을 닮아갑니다. 어린 시절 선생님과 부모님께 어떤 말을 들으며 자랐는지가 아이의 자아 형성에 아주 중요한 영향을 끼치듯, 어떤 상황이라도 선생님으로부터 '너를 믿는다, 너는 소중한 존재다'라는 메시지를 끊임없이 받은 아이는 그 믿음을 저버리지 않습니다. 선생님의 말로 인해 본인도 자신이 소중하다고 여기게 되기 때문입니다.

선생님은 조건부 사랑을 주는 일에 익숙해지기 쉽습니다. 수학 시험 100점 받으면 착한 아이, 60점 받으면 나쁜 아이로 노골적인 구분을 하기도 하고 조용히 앉아 자기 할 일을 잘하는 아이와 자꾸 말썽 부리는 아이를 비교해 마음속으로 점수를 매기기도 합니다.

저도 그랬습니다. 마음속에 인성점수라는 성적표가 있었어요. 공부 잘하고 발표 잘하고 말 잘 듣는 아이는 어떤 문제행동을 하더라도 그다지 혼내지 않았습니다. 반면 평소에 문제행동을 많이 하는 아이는 작은 일에도 더 구박하게 되었습니다. 평소 선생님 마음속에 인성점수를 못 쌓아둬서 더 혼나는 거라고 지난 일까지 꺼내며 잔소리를 늘어놓기도 했습니다. 믿음을 준 아이는 더 잘하게 되었지만 평소 행동까지 지적받은 아이의 마음은 무너져내렸을 것입니다. 마음속에 '저 아이는 매일 문제만 일으키는 아이'라는 전제를 깔고 아이를 대하면 정말 그렇게 됩니다. 선생님이 잔소리를 하지 않으면 아이가 문제를 일으키고, 그 아이가 매일매일 문제를 일으키는 상황을 막으려면 잔소리를 매일매일 계속해야 하는 상황이 될 수밖에 없습니다. 선생님이 "문제행동은 절대 안 돼!"라고 하면 할수록 아이는 선생님으로부터 "너는 문제행동을 하는 나쁜 아이야"라는 암시를 계속 받는 셈이 됩니다. 그렇게 해서 아이는 '문제행동을 하는 나쁜 아이'라는 자아 이미지를 갖게 됩니다.

선생님의 상상은 현실이 됩니다. 지금 잘못을 하더라도 아이가 미래에 할 바람직한 행동에 더 주목해야 합니다. "지금 실수는 괜찮아, 앞으로 좋아질 테니까"하고 믿음과 존중을 표현해주면 아이도 선생님이 그린 미래의 이미지에 점점 가까워집니다. 물론 하루아침에 변화하기는 어렵습니다. 욕심을 내지 않고 가능한 범위에서 조그마한 변화라도 알아채고 아이에게 용기를 준다면 거기서 변화가 시작됩니다. 결과가 아닌 과정과 태도에 주목하면 용기를 주는 일이 훨씬 쉬워집니다.

교사의 존중

선생님이 아이에게 존중을 표현하는 일은 중요합니다. 우리나라에 아들러 심리학 붐을 일으킨 책 『미움받을 용기』에서 아들러 심리학에 관심이 있던 청년이 교사가 되어 철학자를 다시 찾아가 질문을 하지요. 학교 현장을 경험한 청년은 이론이 아닌 실천의 이야기를, 이상이 아닌 현실의 이야기를 듣고자 합니다. 그런 청년에게 철학자는 말해줍니다. 교육의 입구는 단 하나뿐이라고 말이지요. 그 입구가 바로 '존중'입니다. 아이들을 존중하라는 것입니다. 아이의 모습 그대로를 보고, 그 아이답게 성장하고 발전할 수 있게 배려하라는 것입니다.

교사가 먼저 아이들을 존중해야 한다는 말이 바로 받아들여지지 않을 수도 있습니다. 아이들은 아직 미숙하니 선생님이 돌보고 가르쳐야 한다는 생각 때문에 선생님이 아이들을 존중한다는 것이 어렵게 느껴지기도 합니다. 아이들이 선생님을 존중해야 한다고 생각하기가 훨씬 쉽겠죠. 하지만 자질과 능력이 부족하다고 해서 한 사람이 존중받을 권리가 사라지는 것은 아닙니다.

한번은 이런 일이 있었습니다. 우리 반 집단토의 시간이었지요. 그날 안건은 시험 시간에 너무 시끄럽다는 것이었습니다. 시험을 일찍 끝낸 아이들이 시험지를 먼저 제출하고 떠드는 바람에 아직 시험을 보고 있는 아이들이 집중할 수가 없다는 것이었죠. 몇 명이 자기 사례를 이야기했고 시험을 다 본 친구들은 무얼 하고 있으면 좋을지 해결 방안에 대해 이야기를 하던 중이었습니다. 한 아이가 슬그머니 손을 들었는데 막상 발언권을 얻자 개인적인 생각이라면서 말을 해도 될지 말지 망설였습니다. 어떤 내용이든 말해도 좋다고 하자 조심스레 말을 꺼냈습니다.

"제 생각에는 시험 시간에 선생님이 좀 시끄럽게 하시는 것 같아요. 시험에 집중이 안 돼요."

교실이 순간 조용해졌습니다. 저도 당황했습니다. 아이는 차분히 설명을 이어갔습니다. 시험을 보고 있는데 한번은 선생님이 음악을 틀어주어서 방해가 되었다고 했습니다. 갑자기 생각이 났다면서 다음 할 일에 대해 말해준 적도 있었고, 지난 수업에 대한 잡담을 하는 바람에 집중해서 문제를 풀 수가 없었다고 했습니다. 예전의 저라면 이런 말에 화를 냈을지도 모르겠어요. 내가 언제 시끄럽게 했냐고, 다 너희들에게 필요한 말이었다고, 또는 선생님께 무슨 말버릇이냐고 잔소리나 변명을 잔뜩 늘어놓았을 겁니다. 그런데 그날 저는 당황스러우면서도 한편으로는 내심 아이가 대견했습니다. 교사인 저를 학급의 대장이 아니라 한 사람의 구성원으로 인식하고 있다는 증거였으니까요. 몇몇 아이들은 제 편을 들어주기도 했습니다. 선생님이 도움을 주려고 한 말씀이었고, 별로 방해가 되지 않았다며 저를 지지해주려 했습니다. 저는 제 방해 행동을 지적한 아이에게 다음부터는 시험을 보는 데 꼭 필요한 내용이 아니면 시험 중에 이야기하는 일이 없도록 하겠다고 약속해주었습니다.

이 일은 우리 반 구성원 모두에게 '존중'을 다시 생각하게 하는 계기가 되어주었습니다. 동등한 투표권이나 발언권을 갖는 것뿐만 아니라 인격적으로 서로 평등하게 대한다는 것이 어떤 것인지 체험한 것입니다. 이 집단토의 이후 저는 시험 시간이면 꼭 필요한 이야기가 아니면 하지 않으려고 신경을 쓰게 되었습니다. 아이들도 학급의 규칙들을 더 잘 지키려고 노력하게 되었습니다.

권위적인 선생님 · 민주적인 선생님 · 허용적인 선생님

선생님은 이러한 상황에서 어떻게 대처하셨을까요? 권위적인 선생님이라면 시험 시간의 정숙 문제를 안건으로 집단토의를 열지도 않겠죠. 선생님더러 시끄럽다고 말한 아이를 호되게 꾸짖겠지요. 허용적인 선생님이라면 아이들이 버릇없는 말을 예사로 하며 선생님을 존중하지 않은 모습을 보였을 것입니다. 이런 선생님의 교실은 무질서할 수밖에 없겠죠. 민주적인 선생님이라면 아이의 제안을 인정하고 고마워할 수 있었을 것입니다. 더불어 모든 상황에서 학급 구성원 모두에게 공평한 잣대가 적용된다는 것을 안내해주었겠죠. 아이들이 수업 시간을 잘 지키길 바란다면 선생님도 수업 시간을 잘 지킬 것이고, 수업 중에 음식물을 먹지 않기로 했다면 선생님도 그 규칙을 잘 지킬 것입니다.

선생님은 권위적인 선생님인가요, 허용적인 선생님인가요, 아니면 민주적인 선생님인가요? 다음 중에서 선생님 스타일을 찾아보시는 것도 좋겠습니다.

나만 따라와 선생님

이 선생님은 항상 신경이 곤두서 있습니다. 아이들이 조금만 잘 못해도 소리를 빽 지르며 문제행동을 못하게 막습니다. 학급 규칙은 선생님이 정하고 아이들은 그 규칙을 따르면 됩니다. 이 선생님이 계실 때 교실은 항상 조용하고 아이들은 예의바르게 행동합니다. 잘못된 행동을 하거나 규칙을 어기면 비판하고 체벌합니다. 아이들이 버릇없이 행동하는 것을 참지 못하는 이 권위적인 선생님은 혼자서 학급의 모든 일을 책임지려고 합니다.

아이들 마음대로 선생님

이 선생님은 친절합니다. 어떤 행동도 다 받아줍니다. 자율성을 위해 아이들의 아이디어를 다 이해해주고 하고 싶은 활동을 할 수 있게 해줍니다. 무례하게 굴 때는 상처를 받기도 하지만 굳이 화를 내지는 않습니다. 아이들은 이 선생님을 편하게 생각하고 하고 싶은 이야기는 무엇이든 마음껏 합니다. 이렇게 허용적인 선생님이 계신 학급의 아이들은 때로 다른 친구들은 안중에도 없이 자신의 권리와 욕구만 내세우며 이기적인 모습을 보이기도 합니다.

함께하자 선생님

이 선생님은 친절한 목소리를 지녔습니다. 아이들이 잘못하면 실수로부터 배움이 일어나도록 권유하고 앞으로는 더 잘할 수 있을 거라 격려해줍니다. 아이가 노력하는 모습을 지켜보며 안내자의 역할을 합니다. 선생님은 전체적인 가이드 라인을 제시하고 아이들이 그 안에서 자율적으로 활동할 수 있게 합니다. 여러 가지 제안을 하고 아이들이 선택하게 해주는 이 민주적인 선생님은 학급에서 일어나는 일의 책임은 모두에게 있다고 생각합니다.

02. 새 학기가 시작되었습니다

"모든 것의 시작은 위험하다.
그러나 무언가 시작하지 않으면 아무것도
해결되지 않는다."
- 프리드리히 니체(철학자)

선생님이 방금 뭐라고 했니?

영어 교과 담임을 맡고 있던 6학년 어느 반 교실에서 있었던 일입니다. 6학년 중에서도 가장 말 안 듣기로 유명한 반이었습니다. 담임선생님 말씀도 잘 듣지 않고 교과담임선생님 말은 아예 한 귀로 듣고 한 귀로 흘렸습니다.

영어 수업은 늘 게임하며 즐겁게 해야 하는데 앞에서 선생님이 무슨 말을 해도 어떤 행동을 해도 아이들은 자기들끼리 웅성웅성 이야기했습니다. 크게 잡담하는 것도 아니고 딱히 누구 한 사람 지목할 것도 없이 다들 그러고 있었습니다. 앞에서 말하는 선생님이 무안할 정도로….

무언가 같이 따라해보자고 해도 시큰둥, 영어 노래도 시큰둥, 영어 게임도 시큰둥해했습니다. 다들 집중하지 않고 잡담하는 분위기라 그 누구를 불러 지적해도 늘 같은 대답이었습니다.

"선생님이 방금 뭐라고 했니?"

"잘 모르겠는데요."

이 반에 수업하러 들어가기 전날엔 늘 악몽을 꾸었습니다. 아무도 선생님 말을 듣지 않는 교실에서 혼자 소리 지르고 잔소리하는 악몽…. 식은 땀을 흘리다 겨우 잠에서 깨어 학교에 가면 허공에 대고 하듯, 겨우 40분 수업을 채우고 교실을 나오곤 했습니다. 물론 처음에는 "잡담하지 말자, 주의 집중하자" 잔소리도 하고 화도 내보고 아이들이 좋아할 만한 노래와 게임을 준비하는 등 여러 노력을 해보았지만 초임 교사에게 아이들의 무관심은 높은 산처럼 거대한 장애물이었습니다. 더구나 담임도 아니고 영어 담당 교사였기에 관계 형성이 더 어렵게 느껴졌습니다. 한두 명이 집중하지 않는 것이라면 그들과 이야기해보겠지만 전체적인 분위기가 어수선한 이 학급에서는 아무것도 통하지 않을 것 같았습니다.

수업 시간에 집중 못하는 아이들은 언제나 있습니다. 수업 내용에 관심이 없고 친구의 발표도 잘 듣지 않습니다. 딴 생각을 하거나 짝과 끊임없이 잡담을 합니다. 일부러 필통을 떨어뜨리고 의자를 까딱거리며 만화책을 읽습니다. 심지어 선생님 눈을 피해 군것질을 하기도 합니다. 멀리 떨어져 있는 친구와 쪽지를 주고 받거나 화장실에 간다거나 사물함에 뭘 가지러 간다며 자꾸 움직이는

가 하면, 밤새 게임을 했는지 잠을 못 이겨 꾸벅꾸벅 조는 아이까지 선생님을 힘빠지게 하는 행동은 참 다양하기도 합니다.

한번은 오후 수업 때마다 꾸벅꾸벅 조는 여학생이 있었습니다. 아주 착실한 학생이었는데 중학교 공부를 미리 하느라 학원을 다니고 있었습니다. 학원 예습 복습에 숙제까지 하느라 매일 늦게 잔다고 했습니다. 저는 아이가 조는 모습을 신기하다는 듯 바라보았습니다. 얼마나 피곤하면 저럴까 하는 안타까운 마음도 들었습니다. 선생님이 신기한듯 쳐다보자 다른 아이들도 그 아이의 조는 모습을 함께 바라보게 되었습니다. *끄덕끄덕*하던 고개가 툭 떨구어지면서 눈을 번쩍 뜨고 정신을 차리는 모습에 다들 깔깔대고 웃었습니다. 그날은 친구들과 함께 웃으며 장난처럼 넘겼지만 그런 일이 여러 날 반복되며 창피를 당하기도 해서 따로 불러 이야기도 해보았지만 수업 시간에 조는 것을 고칠 수가 없었습니다. 일부러 활동적인 수업 계획을 하는 수밖에 없었습니다.

그렇게 여러 해 동안 수많은 방법을 썼습니다. 몇 번이고 지적을 하며 잔소리도 했죠.

"ㅇㅇ야, 듣고 있니?"

"ㅇㅇ야, 뭐해?"

그렇게 해서 한 아이가 잘 듣게 되면 또 다른 아이가 집중하지 못하는 모습이 눈에 들어왔습니다.

수업 집중을 위한 긴급 처방

■ 집중 박수치기-선생님: 3학년! 아이들: 2반! (짝짝짝)

■ 집중 게임하기-집중하지 않으면 따라할 수 없는 게임을 합니다. 선생님이 '가위바위보'하면 수업 중에 무슨 일인가 싶어 쳐다봅니다.

■ 집중 안 하고 있는 친구를 아무 말 없이 쳐다보기-교실이 순식간에 조용해지며 분위기가 가라앉아 친구들이 옆에서 콕콕 찔러줍니다.

■ 뒤에 나가 있기-뒤에 서 있다가 집중할 수 있을 것 같을 때 다시 자리로 돌아오라고 합니다.

■ 세 번 이름이 불리면 학급에서 정한 벌 받게 하기-학급 학생 수가 30명이나 되면 누구를 몇 번 불렀는지 기억하기 어렵습니다.

■ 친구들 앞에서 무안 주기-"그렇게 중요한 일이면 크게 말해줄래?"라고 말하면 대부분의 아이들은 중요한 얘기가 아니라며 입을 다뭅니다.

■ 화내기-"네가 그렇게 행동하면 다른 친구들에게 피해가 되잖아!"하고 버럭 화를 냅니다.

■ 집에 전화하기-"어머니, ○○이가 수업 시간에 돌아다녔어요. 집에서 주의 좀 주시겠어요?"

■ 반성문 쓰게 하기-"다음부터는 수업 시간에 잡담을 하지 않겠습니다."

이 중에 효과적인 방법이 있었나요? 효과는 짧게는 1분, 길어도 3일을 가지 않았습니다. 결국 저는 또 잔소리를 할 수밖에 없었죠. 이 잔소리의 굴레를 어떻게 벗어날 수 있을까요?

모든 관계의 기본은 경청

주의 집중이 잘 안된다는 말은 선생님의 말이나 상대방의 말을 잘 듣지 못한다는 것이죠. 들어야 하는 이유를 모르거나, 듣는 법을 모른다는 것입니다. 아무리 선생님 말씀을 잘 들어야 한다고 타일러도 스스로 깨닫지 못하면 무용지물입니다. 아이들 스스로 경청의 중요성을 깨달아야 합니다. 경청은 수업 시간에만 필요한 것이 아니라 모든 관계의 기본이 되니까요.

한 선생님은 경청에 대한 강연을 듣고 집으로 돌아가 실천에 옮겼습니다. 아내 말을 잘 들어주고 아이들 말도 귀 기울여 들었더니 집안 분위기가 달라졌다며 신기해했습니다. 평소에는 바쁘고 귀찮아서 특별한 일이 아니면 잘 이야기하지 않았고 상대의 이야기를 들을 때도 대충 알겠다면서 끝까지 듣지 않고 넘기곤 했지만 그래도 웬만한 의사소통은 하고 있다고 여기고 있었답니다. 경청에 관한 강연에서 그 선생님은 경청이란 귀만으로 듣는 것이 아니라 마음으로 듣는 것이라는 강연자의 말이 마음에 와 닿아서 아내의 이야기에 집중하겠다는 마음으로 들어보았답니다. 그랬더니 이야기를 하던 아내가 갑자기 눈물을 흘리더라는 겁니다.

잘 들어주는 것만으로 마음이 전달되고 그렇게 자신을 이해해주는 사람이 있다는 사실만으로 위안을 받은 것이죠. 아이들 역시 아빠가 자신의 이야기를 잘 들어주자 좀 더 마음을 열고 다가오기 시작했습니다. 그러니 집안 분위기가 좋아질 수밖에요.

교실도 마찬가지 아닐까요? 상대방의 감정을 이해하는 데 서툰 십대 아이들은 경청하는 연습을 통해서 조금이나마 서로를 이해하고 친구의 감정을 읽어나가기 시작합니다. "친구의 이야기를 잘 들어봐." 이런 말로 강요하기보다 경청의 중요성을 알리고, 그 방법을 연습하면 아이들은 더 건강하게 친구 관계를 형성해 나갑니다.

서로 친하게 지내면서도 가끔씩 다투어서 그때마다 속상함을 선생님에게 토로하는 여학생들이 있지요. 사정을 들어보면 별것도 아닌데 오해를 하거나 속마음을 잘못 알아들어 툭 하고 뱉은 말에 감정 싸움이 일어난 경우가 대부분입니다. 학기초부터 꾸준히 경청을 연습한 아이들은 혹여 기분 나쁜 말을 들었거나 오해가 생기더라도 차분히 서로의 이야기에 귀를 기울이며 문제를 풀어갑니다. 다투는 일도 눈에 띄게 줄기 마련이죠.

듣기 5단계

듣는 능력을 다섯 가지 수준으로 나눌 수 있습니다. 첫째는 무시, 둘째는 듣는 척하기, 셋째는 선택적 듣기, 넷째는 적극적 경청이고 다섯째는 공감적 경청입니다. 무시하기는 상대방 말을 들으려하지 않는 것이고, 듣는 척은 상대방의 말을 듣는 시늉만 하는 것입니다. 선택적 듣기는 상대방이 하는 말 중에 흥미 있는 부분만 듣는 것이고 적극적 경청하기는 '응, 그렇지' 하고 대꾸하며 눈을 맞추고 상대방의 말을 잘 듣기 위해 적극적인 자세를 취합니다. 마지막으로 공감적 경청하기는 상대방의 입장이 되어 문제에 대한 인식이 높아져 말 뒤에 숨은 의도와 감정까지 이해합니다.

첫 번째 사례에 나온 6학년 영어 교과 수업으로 들어갔던 반의 아이들은 듣기 수준이 첫 번째 수준에 머물러 있는 것입니다. 수업이 잘 진행되고 학급이 건강하게 성장하려면 적어도 네 번째 듣기 수준으로 향상되어야 합니다. 사람을 움직이는 가장 중요한 무기는 입이 아니라 귀라고 하니까요.

경청하는 방법을 아이들과 함께 연습해야겠습니다. 아이들에게 연습 없이 올바른 판단, 바람직한 행동을 기대하는 것은 옳지 않겠지요. 학기 초부터 꾸준히 경청의 중요성을 인식시켜주고 함께 연습하면서 서로의 감정을 읽고 상대방을 이해하는 힘을 길러 가야겠습니다.

1. 경청의 필요성을 알기 위한 역할 놀이

효과적인 의사소통을 위해 경청이 꼭 필요함을 이해하고 경청하는 상황과 그렇지 않은 상황을 역할 놀이를 통해 배울 수 있습니다. 경청하는 상황에서는 자기 나름의 경청하는 태도로 경청하고, 경청하지 않는 상황에서는 한 아이가 이야기하는 동안 창밖을 보거나 책을 보는 등 눈을 마주치지 않고 다른 행동을 하면 됩니다. 역할 놀이가 끝난 후, 경청했을 때와 그렇지 않았을 때의 느낌을 함께 나눕니다.

경청하지 않는 상황에서 말하는 역할을 맡은 아이는 친구들이 듣지 않아 답답하고 이야기하기 싫어지며 그런 상황에서 말하는 자신이 부끄러워졌다는 이야기가 나왔습니다. 이런 느낌을 학급 구성원 모두가 경험해보면 도움이 됩니다.

2. 경청하는 방법 알아보기

어떻게 하면 듣는 사람이 경청하고 말하는 사람이 존중받는다고 느끼게 될지 '경청하는 바른 자세'에 대해 이야기해봅니다.

- 눈은 말하는 친구를 바라본다.
- 손으로 다른 활동을 하지 않는다.
- 들은 내용을 생각하며 내 생각과 비교해본다.
- 몸은 말하는 친구쪽으로 향한다.

이 외에도 여러 의견이 나올 수 있습니다. 다양한 생각을
공유합니다.

3. 경청하기

우리 반에서 정한 경청하기 태도를 정리하여 칠판 옆에 게
시하고 수시로 확인하며 경청하기를 실천합니다. 수시로 확
인할 수 있어야 실천 의지가 높아집니다.

4. 경청 태도 평가하기

일주일 정도 경청하기를 실천하고 평가해봅니다. 경청하기
를 더 잘할 수 있는 방법을 이야기해보고 경청하기 위해 노력
한 친구들을 격려하며 모두가 경청하는 학급으로 만들기 위해
끊임없이 노력해나갑니다.

경청 연습하기 2단계

1. 경청하는 방법 이야기하기

일주일간 경청을 실천하고 어떻게 했을 때 경청이 잘되었는지 이야기해봅니다. 보통 앞에서 나왔던 비슷한 의견들이 나옵니다.

- 말하는 친구를 바라봅니다.
- 친구가 이야기할 때 다른 생각을 하지 않습니다.

2. 경청하기

■ 짝과 함께 가위바위보 하여 이긴 사람이 먼저 이야기를 시작합니다. (가위바위보에 이긴 친구를 A로, 가위바위보에 진 친구를 B로 선정합니다.)

■ A는 선생님이 주신 주제로 1분간 이야기합니다. B는 이야기를 듣는 동안 자신이 생각하는 경청의 방법으로 듣습니다.

■ 1분 뒤 B는 들었던 이야기를 되돌려줍니다. 경청을 잘했다면 80% 이상의 내용을 그대로 전달할 수 있을 것입니다. 하지만 대부분의 아이들은 들은 것을 그대로 전달

하는 것을 어려워합니다. 똑같이 1분을 주지만 그 1분동 안 웃고만 있는 아이도 많습니다.

■ 경청한다고 생각하며 들었음에도 내용을 전하지 못하는 이유에 대해 이야기해봅니다. 경청이란 무엇일까 고민 해봅니다. 상대방의 이야기에 깊이 공감이 되었다면 그 일은 내 일처럼 느껴지게 됩니다. 경청이란 마음으로 들 어주는 것입니다. 그대로 돌려줄 수 있을 만큼 온 마음 을 다해 들어주는 것입니다.

■ 경청을 다시 해봅니다. A는 아까 이야기를 다시 한 번 B 에게 1분간 들려주고 B는 마음을 다해 경청합니다. (어 른들에게는 이미 들은 이야기를 다시 듣는 게 쉬운 일이 아니지만 아이들은 다시 들으며 어떻게 다시 들려줄까 집중하며 듣습니다. 게다가 아까 한 번 들었기 때문에 두 번째 들으면서 다시 들려주기 쉬운 상태가 됩니다.)

■ 1분의 시간동안 B는 들은 이야기를 A에게 돌려줍니다. 아까보다 훨씬 많은 내용을 들려줄 수 있습니다. 이 과 정에서 감동받아 우는 아이도 있었습니다. 자신의 이야 기를 이렇게 진심으로 들어주는 사람이 있다는 것이 얼

마나 큰 기쁨인지 깨닫게 된 것입니다.

■ 역할을 바꾸어봅니다. B가 이야기하고 A가 경청해봅니다.

3. 경청 연습을 하며 느낀 점 나누기

경청 연습을 통해 느낌 점을 서로 이야기하며 경청의 효과를 공유합니다.

경청은 공짜로 얻을 수 있는 최고의 가치다. 신이 인간에게 두 개의 눈과 귀, 하나의 입을 준 데는 그만한 이유가 있다. 즉 한번 말할 때 두 번 보고 두 번 들으라는 뜻이다. 더군다나 듣는 데는 돈이 들지 않으니 이 얼마나 좋은가? 남의 이야기에 귀를 기울이려는 노력은 언제나 보상받는다.

– 알렉스 퍼거슨Alex Ferguson (전 유나이티드 맨체스터 감독)

다른 사람의 이야기를 진지하게 들어주는 경청의 태도는 우리가 다른 사람에게 나타내 보일 수 있는 최고의 찬사 가운데 하나이다.

– 앤드류 카네기Andrew Carnegie

다른 사람의 말을 신중하게 듣는 습관을 길러라. 그리고 가능한 한 말하는 사람의 마음속으로 빠져들도록 하라.

– 마르쿠스 아우렐리우스Marcus Aurelius Antonius

타인을 만족시키는 가장 탁월한 방법은 바로 그들의 말을 경청하는 것이다.

– 톰 피터스Tom Peters

관심을 갖고 들어주는 게 가장 진실한 아첨이다.

— 조이스 브러더스^{Joyce Brothers}

들어라, 그렇지 않으면 당신의 혀가 당신을 귀먹게 할 것이다.

— 체로키 격언

대화의 기술보다 더 값진 것은 경청의 기술이다.

— 말콤 포브스^{Malcolm Forbes}

다른 사람의 이야기를 경청함으로써 그 의미가 잘 드러나게 해주는
것은 우리가 그 사람을 위해 해줄 수 있는 가장 위대한 봉사일 것이다.

— 더글러스 스틴^{Douglas Steen}

02_ 시간 지키기

지금이 몇 시야?

오전 9시, 1교시가 시작될 시각입니다. 교실을 둘러보니 의자가 비어 있는 책상 한 개가 눈에 띕니다.

"선생님, 민재가 아직도 안 왔어요!"

오늘도 지각인가 봐, 또 늦어, 쑥덕쑥덕 말하는 소리와 함께 교실 뒷문이 스르륵 열렸습니다. 민재가 헐레벌떡 들어옵니다. 민재는 우리 반 지각대장입니다. 9시 전에 교실에 앉아 있는 모습을 보기 힘듭니다. 9시에 시간 맞춰 잘 도착하면 다행이고 늘 1교시 시작 즈음에 들어오거나 심지어 1교시 끝나고 올 때도 있습니다.

"민재야, 9시에 1교시 시작하니 5분이나 10분 전에는 와서 가방 정리하고 수업 준비를 하고 있으면 마음이 더 편할거야."

몇 번을 이야기해도 잘 고쳐지지 않습니다. 1교시가 시작하는 종소리와 함께 자리에 앉아 수업 준비를 하고 있던 아이들은 뒷문이 열리면 일제히 시계를 쳐다봅니다.

"지금이 몇 시야?"

민재 부모님과 상담을 하다가 두 분 다 일하신다는 이야기를 들었습니다. 새벽에 부모님이 출근하고 나면 잠에서 깬 민재는 괜히 서성이며 텔레비전을 보다가 다시 잠들어버리곤 한답니다. 하루는 1교시 내내 민재를 기다리다가 2교시가 되어도 안 오길래 집으로 전화를 했는데 받지 않아서 부모님께 전화를 했습니다. 민재와 연락이 안 된다는 말에 깜짝 놀란 부모님께서 집에 가보니 밤새 게임을 하다 늦게 잠든 민재가 여전히 꿈나라를 헤매고 있었답니다.

민재가 시간을 잘 지키지 않는 건 쉬는 시간, 점심 시간도 마찬가지입니다. 점심을 먹고 운동장에 나가 놀다가도 1시 10분이면 교실에 들어와 있어야 합니다. 20분에 5교시가 시작되니 10분 일찍 들어와 공부할 준비를 하자는 약속이지요. 그런데 민재는 20분에 수업종이 치고서야 교실로 헐레벌떡 들어옵니다. 분명 10분 전 예비 수업 종소리를 들었을 텐데…. 민재는 5교시 수업에 제대로 참여하여 공부할 수 있었을까요? 쉬는 시간을 잘 보내야 수업 시간도 제대로 보낼 수 있습니다. 헐레벌떡 뛰어오느라 5분, 땀을 식히느라 5분의 시간이 지나고 공부에 집중해보려고 했는데 쉬는 시간에 화장실을 못 간 것이 생각나 화장실에 다녀오느라 5분, 물을 마시느라 5분, 그렇게 5교시가 끝나갑니다. 한두 번도 아니고 기본 교칙을 계속 어기는 모습에 다른 아이들까지 수업에 집중할 수 없었습니다. 결국 이 문제를 논리적 결과를 활용하여 해결하기로 했습니다.

자연적 결과와 논리적 결과

문제행동을 근본적으로 바꾸기 위해서는 자신의 행동에 대한 책임을 갖게 해야 합니다. 책임감을 심어주는 방법 중 하나로 자신이 선택한 행동에 뒤따르는 결과를 직접 경험해보게 할 수 있습니다. 그 결과는 자연스럽게 따라올 수도 있고, 논리적인 연관성을 지니고 이어지게 할 수도 있습니다. 행동과 결과 사이에 자연적이거나 논리적인 연결고리가 있다면 책임에 대해 배울 수 있는 기회가 됩니다.

보통 어른들이 아이의 잘못된 행동에 대해 벌을 줄 때 행동과 상관 없이 벌을 주기도 합니다. 예를 들면 지각을 하면 『명심보감』을 베껴쓰게 한다거나 친구와 싸우면 운동장을 다섯 바퀴 달리게 하는 식입니다. 이렇게 논리적 상관관계가 없는 벌은 아이들이 이해하기 어렵습니다. 그런 벌을 받는다고 잘못된 버릇이 고쳐지는 것도 아닙니다.

비가 많이 오는 날, 우산을 가지고 나가지 않으면 비를 맞을 수밖에 없습니다. 그러면 다음부터는 우산을 챙기려고 노력하겠지요. 초콜릿이나 사탕을 많이 먹고 이를 잘 닦지 않았다가 어느날이가 아파 치과에 가서 힘겹게 치료를 받게 되면 그때부터는 이를 잘 닦겠다고 다짐을 하게 됩니다. 이런 것이 자연적 결과입니다. 누가 잔소리하지 않아도 자연스럽게 스스로 잘못된 행동을 수정하는 것입니다. 학교에서도 이런 자연적 결과를 활용하면 좋겠지만 너무 시간이 많이 걸린다는 단점이 있습니다. 지금 편식을 하면 나중에 어떻게 될지 그 결과를 1년 안에 알 수는 없습니다. 그래서 학교에서는 논리적 결과를 더 많이 활용하게 됩니다.

논리적 결과는 자신이 한 행동과 논리적인 연관이 있는 결과를 의도적으로 만들어주는 것입니다. 가장 간단한 결과로는 지각을 하는 아이는 지각한 시간만큼 남아서 아침에 읽지 못한 책을 읽고 간다거나 숙제를 안 해온 아이는 쉬는 시간이나 방과 후 시간을 이용해 숙제를 하고 가는 것 등이 있습니다. 논리적 결과는 자신의 행동에 바로 책임을 질 수 있고 그 해결 과정이 논리적이라 누구나 수긍이 가능하다는 장점이 있습니다.

논리적 결과의 함정

하지만 논리적 결과라고 해서 무조건 좋은 것은 아니지요. 첫번째, 서로 합의의 과정을 통해 논리적 결과가 정해지지 않았다면 아무리 논리적 관련성이 충족되었다 하더라도 학생이 받아들이는 데 저항이 생기기도 합니다. 일방적 처벌이라는 느낌을 받지 않도록 학생들과 충분한 대화를 통해 합의하여 학생 스스로 선택한 결과여야 합니다. 예를 들어 아이들이 체육 시간에 준비체조를 안 했다고 해서 선생님이 일방적으로 체육활동을 취소해버린다면 선생님 입장에서는 논리적 결과이지만 아이들 입장에서는 난데없는 처벌을 받는 상황일 뿐입니다.

두 번째, 아이들을 존중하는 태도가 필요합니다. 논리적 결과로 모두가 합의한 내용이라 하더라도 선생님의 잔소리가 동반되면 처벌과 다를 것이 없어집니다. 수업 시간에 늦은 아이들은 남아서 공부를 더 하기로 합의된 내용을 적용할 때 선생님은 이렇게 말하기 쉽지요.

"또 늦었네. 한두 번도 아니고 왜 그러는 거야? 늦으면 공부하고 가기로 한 거 알지? 너희가 결정했으니 따라야지! 왜 자꾸 남아서 공부하려고 하니? 제시간에 오면 좋잖아! 다음번에도 늦으면 남아서 공부하는 시간을 더 늘릴거야!"

이런 잔소리를 들으면 아이들은 자신의 행동을 반성하기보다 선생님에 대한 부정적인 감정이 더 커지고 맙니다.

세 번째, 선생님이든 학생이든 누군가 감정이 좋지 않거나 화난 상황이라면 마음을 차분하게 한 후에 적용하도록 하며 일관된 실천이 될 수 있도록 노력해야 합니다. 줄서기를 예로 들어보겠습니다. 특별실에 가기 위해 복도에 줄을 설 때 빠르고 안전하고 조용하게 줄을 서기로 약속했습니다. 이 약속이 지켜지지 않을 때는 다시 자기 자리로 돌아가 앉아 있다가 줄서기를 처음부터 다시 시작하자고 합의했습니다. 그런데 만약 질서가 지켜지지 않은 상황에서 시간이 부족하다거나 해서 한두 번 흐지부지 넘어가고 만다면 논리적 결과 도출을 통해 책임을 배울 기회는 의미 없이 사라지고 맙니다. 인내심을 가지고 일관되게 실천해야 합니다.

교실에서 활용 가능한 논리적 결과

그동안 우리 학급에서 아이들과 논리적 결과를 활용한 합의를 통해 이루어졌던 내용을 정리해보았습니다.

- 지각하면 지각하여 학습하지 못한 과제를 스스로 학습할 때까지 지각한 시간 이상 남아서 학습합니다.
- 숙제를 안 하면 쉬는 시간과 점심 시간 등을 이용해서 숙제를 합니다. 그래도 못 하면 방과 후에 숙제를 완료하고 집에 갑니다.
- 안내장을 안 가져오면 친구의 안내장을 보고 안내장을 똑같이 써서 제출합니다. 학습지도 마찬가지입니다.
- 특별실로 이동할 때 줄이 엉망이면 다시 자리에 앉았다가 빠르고 조용하고 안전하게 줄을 설 때까지 반복합니다.
- 체육 시간에 준비체조를 적극적으로 하지 않으면 준비체조를 제대로 마치고 체육 활동에 참여합니다.

■ 수업 시간에 늦으면 다음 쉬는 시간을 당겨 쓴 것으로 간주하고 수업이 끝난 후 쉬는 시간에 못다한 수업활동을 하거나, 복습과 예습을 합니다.

■ 욕을 하면 다시 정중한 표현으로 친구를 존중하는 태도를 보일 때까지 욕한 친구의 말에 반응하지 않습니다.

■ 일인 일역을 안 하면 남아서 맡은 일을 마칩니다. 보통 점심 먹고 남은 시간에 일인 일역을 하는데 그 시간을 다른 시간으로 사용했다면 다 못한 일은 남아서 하고 갑니다.

이렇게 아이들과 함께 논리적 결과를 활용해 학급의 규칙을 정해두면 문제 상황이 있을 때 잔소리하지 않아도 됩니다. 그저 아이들에게 이 문제에 대해 확인만 시켜주면 됩니다. "안내장을 안 가져왔구나, 어떻게 해야 하니?"라고 한마디만 하면 알아서 만들어 오거나 선생님이 오기 전에 미리 만들어서 제출합니다. 남아서 해야 하는 일이 많아질 경우 아이들은 방과 후에 남게 되는 것이 싫어서라도 쉬는 시간과 점심 시간을 활용해 문제를 해결하려 하는 편입니다.

우리 반 성진이는 매일 안내장과 학습지를 잘 챙기지 않는 아이였습니다. 안내장과 학습지는 가방 바닥에 꾸깃꾸깃해져 있거나, 책 사이 어딘가에 꽂아두고 잊어버렸거나, 이미 쓰레기통에 들어가버린 경우가 많았습니다. 성진이의 문제 해결을 위한 논리적 결과로 안내장과 학습지는 한 번만 나누어주며 제출하지 않으면 그 책임을 감수하게 하였습니다. 예를 들어, 학습지를 안 내면 숙제를 안 한 것으로 간주하고 다시 남아 숙제를 해야 하고, 신청서를 안 내면 체험학습 등에 참여를 할 수 없거나 부모님께 안내장을 전달해주지 않은 불이익은 온전히 자신이 감당하는 것입니다. 친구의 것을 보고 그대로 만들어 오면 제출한 것으로 인정합니다. 매번 학습지나 신청서를 걷을 때마다 잃어버렸다고 하던 성진이는 논리적 결과를 활용한 규칙 제정 이후 달라지기 시작했습니다. 어느 날은 친구 것을 따라 그리기 싫었는지 가방 밑바닥까지 샅샅이 뒤지더니 찾아서 가져왔습니다. 어느 날은 쓰레기로 버려지던 안내장이 성진이의 가방 안으로 얌전히 들어가 집으로 전달되기도 했습니다.

논리적 결과의 이 모든 예시 내용들은 단기간에 적용한 것들이 아니며 정답 또한 아닙니다. 각 학년마다 수준이 다르고 아이들의 성향이 다르니 아이들과 함께 합의한 내용들을 토대로 다양하게 변경하고 적용해가면 되겠습니다.

민재의 지각 이야기

지각대장 민재는 어떻게 되었을까요? 민재의 문제를 우리 반 공동의 문제로 보고 함께 시간 지킴에 관한 이야기를 나누기로 했습니다. 우리 반은 함께 이야기 나누는 시간을 〈집단토의〉라고 합니다. 집단토의에 관한 자세한 내용은 5부 〈집단토의〉를 참고하시기 바랍니다. 회의 안건이 되면 그 문제가 곧 나의 일이 됩니다. 내가 낸 제안이 통과되기도 하고 함께 이야기 나눈 내용이 실천되는 과정에서 학급의 일에 더 적극적으로 참여하게 되어 소속감도 높아집니다.

민재의 문제를 놓고 집단토의에 들어가기 전에 먼저 민재와 이야기를 나누었습니다.

"민재야, 시간을 지키지 않는 경우가 너무 많은 것 같아. 스스로 해결방법을 찾기 어려우면 집단토의 안건으로 올려보면 어떨까? 다른 친구들도 많이 걱정하고 있더라."

"저도 아침에 지각하지 않으려고 노력은 하는데 잘 안 돼요. 친구들이 도와주면 더 잘할 수 있을 것 같아요."

그렇게 민재의 지각 문제가 안건으로 올라와서 우리 반은 함께 집단토의를 진행하였습니다.

사회자: 민재가 요즘 지각을 자주 하고 쉬는 시간도 잘 지키지 않아서 고민이라는 안건을 가지고 이야기 나누도록 하겠습니다.

수아: 제가 민재 짝꿍인데 민재가 자꾸 늦어서 저도 수업에 집중할 수가 없어서 신경이 쓰여요.

소이: 맞아요. 민재가 늦게 오니 우리 1교시 수업은 10분쯤 늦

게 시작하는 것 같아요.

민재: 미안해. 나도 지각 안 하려고 노력했는데 아침에 부모님이 일찍 나가서 깨워줄 사람이 없었어. 부모님 나가실 때 깨워주시면 학교 갈 시간까지 기다리다가 다시 잠이 들어버려.

사회자: 민재를 도와줄 수 있는 좋은 해결방법이 없을까요?

(마이크 돌리기를 통해 모두가 한마디씩 하거나 할 말이 없는 아이들은 그냥 마이크를 넘깁니다.)

아이들: 아침마다 모닝콜을 해줘요. 근처에 사는 친구들이 올 때 같이 와요. 저녁에 일찍 9시에 잠드는 것은 어떨까요? 학교 올 시간까지 기다리지 말고 그냥 부모님 나올 때 준비해서 일찍 와요. 그래도 지각하면 지각한 만큼 늦게 집에 가게 해요. 수업시간에 늦으면 늦은 만큼 더 공부해요. 제 시간에 오면 칭찬해줘요.

사회자: 좋은 생각이 많이 나온 것 같은데 민재는 어떻게 생각하나요? 좋은 아이디어 있습니까?

민재: 저녁 9시에 자는 것은 너무 빠른 것 같고요. 10시나 11시 안에 자려고 노력해볼게요. 혹시 아침에 모닝콜해주거나 같이 등교할 수 있는 친구들이 있으면 좋을 것 같아요.

수민: 제가 민재랑 같은 아파트 사니까 학교 오는 길에 민재네 집에 들러서 같이 올 수 있을 것 같아요.

승훈: 저도 같이 갈게요!

민재: 고마워, 대신 그래도 늦거나 지각하면 지각한 시간만큼 남아서 독서하고 가도록 할게요.

사회자: 그러면 수민이랑 승훈이가 아침에 민재랑 같이 오는 것으로 하도록 하고, 혹시 늦으면 지각한 시간만큼 남도록 하겠습니다. 다른 친구들도 혹시 지각하면 지각한 시간만큼 남아 독서하고 가는 것에 찬성합니까?

아이들: 네.

민재의 문제를 함께 이야기하며 여러 아이디어가 나왔습니다. 미리 논리적 결과에 대해 공부해서인지 논리적 결과를 활용한 아이디어도 나왔습니다. 집단토의의 의사소통 방법도 배웠지요. 잘못한 행동에 대해 비난을 하지 않고 해결 방안을 찾아주는 것에 집중합니다. 이날 회의에서는 민재를 비난하는 말은 나오지 않았습니다. (집단토의에 관한 자세한 내용은 5부를 참고하세요.)

집단토의를 한 다음 날 아침부터 수민이와 승훈이가 매일 민재 집에 들러서 함께 등교했습니다. 민재는 늦지 않고 학교에 올 수 있었지요. 며칠이 지나자 민재는 이제 스스로 올 수 있겠다고 했습니다. 그동안 수민이와 승훈, 민재는 서로 친해져서 계속 같이 등교하고 있습니다. 이제는 아파트 정문에서 만나 같이 걸어옵니다. 지각하지 않고 제 시간에 학교에 온 민재는 표정도 더 밝아지고 점심시간에도 친구들과 함께 놀 수 있게 되었습니다. 쉬는 시간과 수업 시간도 예전보다 훨씬 더 잘 보내게 되었습니다.

Q. 보상과 처벌이 옳은 방법일까요?

새로운 학년이 시작되면 선생님들은 올해 아이들을 어떻게 다룰지, 어떻게 상벌제도를 운영할지를 다시 고민하게 됩니다. 아이들의 행동을 교정하는 방법으로 가장 쉽게 선택하는 것은 잘할 때마다 점수를 주고 그 모은 점수만큼 보상을 해주는 것입니다. 아이들은 점수를 모아 놀이 시간이나 체육 시간에 원하는 활동을 하거나, 장난감이나 학용품을 선물받기도 하고, 선생님과 데이트할 기회도 얻습니다. 그렇게 아이들은 보상을 얻기 위해 열심히 노력합니다. 때로는 포기하는 아이도 생기고, 몇몇 아이들만 높은 점수에 도달하기도 합니다. 선생님이 보고 있지 않거나 점수가 주어지지 않는 활동은 잘 참여하지 않게 되기도 합니다. 여기 익숙해지면 아이들은 어떤 활동을 하기 앞서, 심지어 게임을 할 때조차도 어떤 보상이 있는지부터 묻습니다. "이거 하면 도장 몇 개인가요?"

한번은 점수를 많이 모은 아이들과 함께 선생님과의 데이트로 영화를 보러 가는 길이었습니다. 택시를 탔는데 기사 분이 말씀하셨습니다. "우와, 너희들은 좋겠다. 선생님이 영화도 보여주시고." 저는 속으로 으쓱하며 당연히 좋다는 대답이 들릴 줄 알았습니다. 그런데 아이들이 하는 말은 "제가 점수 모아서 가는 거예요!"였습니다.

칠판 앞에서 도장 한 개만 들고 서 있으면 당장 바른 자세를 하는 아이들을 보면 이 방법을 버리기가 쉽지 않습니다. 저도 마찬가지였습니다. 그런데 이런 보상이 아니라 자율적인 동기로 행동하는 아이들은 학년 말이 되면 티가 납니다. 곧 다음 학년으로 진급할 준비를 하면서 아이들의 마음이 들떠 있을 때 선생님이 안 계시면 우왕좌왕 시끌벅적, 선생님이 계셔도 와글와글 하기도 합니다. 하지만 내적 동기유발이 잘 되어 있는 아이들은 선생님이 계시든 계시지 않든 늘 일관된 모습을 보여줍니다. 외적보상은 금방 행동이 교정되는 것 같으나 그 교정이 오래 가지 않고 보상을 주는 대상이 사라지면 지속되기 어렵다는 단점이 있습니다.

선생님이 보는 앞에서만 잘하는 아이로 가르치지 않으려면 칭찬과 보상이 아니라 스스로 생각하고 행동할 수 있게 가르쳐야 합니다. 자신의 행동에 자율적인 동기를 지니고, 책무성을 지닌 아이로 성장하게 해야 합니다. 문제행동을 하는 아이들에게는 문제행동의 결과를 설명해주고, 실수한 상황을 통해 어떻게 문제 해결을 해나갈 것인지를 함께 논의하는 기회로 삼으면 좋습니다.

많은 아이들을 다루는 학교에서 보상과 처벌이 잘못되었다고 할 수는 없지만 그 방법이 정말 아이들을 위한 건지, 교사의 편의를 위한 건지 고민해봐야 합니다. 선생님의 아이디어가 필요합니다.

03_공책 정리하기
셋 셀 때까지 써. 하나 둘 셋!

도덕 시간이었습니다. 최선을 다하는 삶을 살고 있는 인물을 다룬 동영상 자료를 시청하고 있었습니다. 월드컵 시즌이라 축구에 관심이 많은 아이들에게 축구 선수의 이야기는 흥미로운 소재였습니다. 보이지 않는 곳에서 참고 노력하는 선수의 뒷모습을 보는 것으로 충분한 동기유발이 되었습니다. 아이들은 자신이 최선을 다했던 경험들을 나누며 최선을 다하는 삶에 대해 생각해보았습니다. 최선을 다해 노력하는 모습을 보여준 인물도 몇 명 소개하였습니다.

"우리 반 친구들은 어떤 것을 할 수 있을까요?"

이 문제를 같이 고민해보며 오늘 배웠던 여러 인물들 중에서 본받을 점, 지금 자신이 할 수 있는 일과 느낀 점 등을 공책에 써보라고 하였습니다. 교실 순회를 하며 오늘의 학습이 잘 되었나 보고 있는데 민주가 손으로 공책을 가리고는 보여주지 않았습니다.

"민주야, 뭐라고 썼어? 선생님이랑 같이 얘기해보자."

민주는 보여 주기 싫은 표정으로 머뭇거리고 있었습니다.

"뭐라고 쓸지 모르겠어?"

민주의 공책에는 재밌었다는 한마디만 적혀 있었습니다. 그 옆 모둠 성현이를 보니 하나도 쓰지 않고 짝꿍과 장난만 치고 있었습니다. 선생님이 가까이 다가오자 성현이는 "이제 쓸 거예요!" 하며 연필을 손에 쥡니다. 그러곤 이렇게 묻습니다.

"근데 뭐 쓰는 거예요?"

애써 설명해주고 돌아섰는데 그제야 "선생님, 뭐라고요? 지금 뭐하는 거예요?" 이런 말을 들으면 김이 쏙 빠집니다. 저학년의 경우, 해야 할 일을 알려줄 때 처음부터 칠판에 번호를 적어 차근차근 정리해 써둡니다. 어차피 또 물어볼 것이니까요. 아이들은 칠판에 적혀 있어도 물어봅니다. "근데 뭐부터 해야 해요?" 아무 말 없이 칠판을 가리키면 "아, 저기 있구나" 합니다. 고학년의 경우, "한 번만 설명해 줄게요, 잘 들어요" 하며 집중을 시킨 다음 설명하긴 하지만 여전히 몇 명은 "못 들었어요"라고 다시 묻습니다. 어떤 아이들은 아예 묻지도 않고 공책 정리 안 하는 쪽을 선택하기도 합니다. 선생님이 다가오면 그제야 쓰는 시늉만 하죠.

우리 반은 무제 노트 한 권을 전 과목 학습 공책으로 씁니다.

교과서에도 충분히 쓸 공간이 있고 과학과 수학은 따로 실험관찰과 수학 익힘책 등이 있어서 과목별로 공책을 따로 둘 만큼 활용할 일이 많지 않다는 것이 그 이유입니다. 정리할 내용이 많으면 인쇄물을 활용하기도 하지요. 수업내용을 공책에 체계적으로 정리해 달달 외우는 것보다는 배운 내용을 어떻게 활용할 것인가가 더 중요하기 때문에 공책은 도덕 시간에 자기 생각을 쓴다거나 국어 시간의 글쓰기 연습, 사회 시간의 조사학습 등에 자주 활용되는 편입니다.

친절하지만 단호한 선생님

공책 정리뿐 아니라 교과서 정리조차 힘들어하는 아이들이 있습니다. 그런 아이에게 "왜 공책 정리를 하지 않니? 떠드니까 선생님 이야기를 못 들었지, 도대체 너는 왜 그러니?"하는 잔소리는 전혀 효과적이지 않습니다. 때로는 여러 말보다 한마디 하고 조용히 기다려주는 것도 좋습니다. 단호한 선생님의 모습을 보여주세요.

"공책 정리 다 했는지 확인할게요."

이 말에 아이들의 연필 끄적이는 소리가 더 다급해집니다. 성현이도 그제야 연필을 들고 쓰기 시작합니다. 확인이 끝난 아이들은 다음 활동으로 넘어갔는데 성현이는 여전히 공책 정리 중이었습니다. 수업 종이 치도록 활동을 끝내지 못한 성현이는 여전히 쉬는 시간을 갖지 못하고 선생님과 활동을 마무리해야 합니다. "모든 활동을 다 끝마친 친구들은 쉬는 시간을 가지세요." 이 단호함은 효과가 있었습니다. 다음 시간에는 활동에 늦지 않고 참여하고자 노력하는 성현이의 모습을 볼 수 있었습니다.

만약 한 아이만 그런 것이 아니라면 전체를 대상으로 말합니다. "선생님이 수업을 진행할 수가 없습니다. 모두가 집중하여 활동(공책 정리)에 빠짐없이 참여하면 다시 수업을 진행할게요." 이렇게 말하고 더 이상 수업을 하지 않기도 합니다. 선생님은 단호함을 보여주시기만 하면 됩니다. 수업이 더 이상 진행되지 않는 것이 자신 때문이라고 느낀다면 아이들 모두 수업에 참여하고자 노력하게 될 것입니다.

물론 이 모든 것은 단호한 선생님이기 이전에 친절한 선생님이라는 전제가 밑바탕에 깔려 있어야 합니다. 친절하면서 단호한 선생님이 되는 것이 말처럼 쉬운 일은 아니지요.

하루는 교과서의 내용을 정리하는 시간에 한 아이가 계속 멍하니 다른 생각에 빠져 있었습니다. 평소에도 그 아이 교과서는 늘 깨끗했습니다. 연필조차 꺼내지 않았더군요. 선생님이 가까이 오는 인기척이 느껴지면 그제야 연필을 찾기 시작합니다. 짝꿍의 교과서라도 보며 눈치껏 따라오면 좋을 텐데 고개를 푹 숙인 채 교과서만 뒤적이고 있습니다. 친절한 선생님으로서 "또 안 썼구나, 또 다른 생각을 했구나"하며 다시 안내해주곤 했습니다. 몇 번이 반복되니 이대로는 안 되겠다는 생각이 들었습니다. 왜 다른 친구들이 할 때 같이 안 하고 꼭 선생님이 다시 안내할 때까지 기다리는지, 왜 수업에 집중하지 못하는지, 왜 연필은 준비되어 있지 않은지 등등 단호한 선생님으로서 온갖 잔소리를 했습니다. 하지만 여러 차례의 잔소리에도 아이의 태도는 도무지 변화되지 않았습니다.

선생님이 말이 많다고 아이가 바른 행동을 하는 것은 아닙니다. 친절함과 단호함이 적당히 섞여야 합니다. 어쩌면 그 많은 잔소리 대신 단 한마디, "미연아, 잘 쓰고 있지?"라는 친절하면서도 단호한 한마디로도 충분히 의사전달이 되었을 것입니다. 그 뒤로는 어떤 내용을 쓰라고 안내한 뒤 미연이의 반대편 방향부터 순회 지도를 시작하며 전체를 향해 한마디 합니다. "다들 잘 쓰고 있지요?" 그러면서 미연이와 눈을 맞춥니다. 교실을 한 바퀴 돌아 미연이에게 다가가면 느리긴 해도 중간쯤 쓰고 있는 모습을 볼 수 있었습니다.

모둠 역할 '점검이'

우리 반에는 모둠마다 '점검이'라는 역할이 있습니다. 모둠의 '이끔이'보다 더 바쁜 역할을 맡고 있지요. 모든 생활 습관을 선생님이 일일이 점검해줄 수가 없으니 모둠의 점검이가 선생님을 대신해 점검해주는 역할을 합니다. 점검이의 덕목은 꼼꼼함이라고 할 수 있습니다. 공책검사 및 교과서 내용을 작성하고 점검이가 점검을 해줍니다. 보통 아이들은 "다했어!"라고 하면 넘어가려 하지만 우리 반 점검이는 귀가 아니라 손과 눈을 사용하여 점검하여야 합니다. 일일이 공책을 넘겨보며 공책에 내용이 잘 정리돼 있는지 확인해줍니다. 혹시 안 되어 있는 아이가 있으면 점검이가 알려주거나 모둠에서 함께 해결할 수 있도록 도와줍니다. 모둠원 모두 점검이 될 때까지 다른 활동으로 넘어갈 수가 없기 때문에 모든 모둠원이 다들 도와 열심히 할 수밖에 없지요.

자기 주도적 학습하기 – 복습 노트

공책 정리보다 더 중요하게 생각하는 것이 있습니다. 바로 복습 노트입니다. 에빙하우스Hermann Ebbinghaus의 망각곡선이론에 따르면 학습 10분 후부터 망각이 시작됩니다. 단기기억에서 장기기억으로 넘어가기 위해서는 배운 내용을 자신의 스토리로 재구성해보는 작업이 필요합니다. 이때 지식을 내 것으로 만들고 조작하는 능력이 요구됩니다.

새 학년이 시작되어 선생님이 복습 노트를 이야기하면 아이들은 매일 배운 내용을 적어야 하는 숙제가 생긴다는 부담감에 많이 힘들어합니다. 하지만 몇 개월간의 훈련을 거쳐 이제 복습 노트가 습관이 되면 진짜 공부하기 싫어하는 몇 아이들을 제외하고는 모두 복습 노트의 효과를 알고 잘 써옵니다. 내용도 풍부해지고,

다양한 정리법도 눈에 띕니다. 물론 선생님도 매일 검사해주느라 힘들지요. 처음에는 복습 노트 쓰는 방법을 잘 익혔는지 보기 위해 선생님이 일일이 검사해주지만 익숙해지면 반장이나 1인 1역으로 검사부장이 하기도 합니다. 복습 노트를 제일 좋아하는 사람은 사실 아이들의 부모님이었습니다. 부모님께서도 복습이 중요하다고 생각하지만 매일 복습을 시키기 쉽지 않지요. 복습 노트는 아이가 학교에서 어떤 내용을 배우고 있는지, 잘 따라가고 있는지 눈으로 확인할 수 있게 해주지요.

복습 노트는 마인드맵 형식을 주로 활용하여 작성합니다. 마인드맵은 큰 분류에서 작은 분류로 가지치기하는 방식으로 표현합니다. 인간의 뇌가 생각하는 방식을 그대로 옮겨놓아 직관적으로 기억과 이해를 높일 수 있어 효과적이라고 하지요. 마인드맵으로 최대한 간단하게 표현하기 위해서는 문장이 아닌 핵심단어를 사용합니다. 매일같이 복습 노트를 작성하는 습관을 기르면 주도적으로 학습하는 습관이 자리 잡게 됩니다. 그날그날 배운 내용을 누군가에게 설명할 수 있다면 그 배움은 충분히 자신의 것으로 습득된 것일 테죠.

우리 반 서진이는 복습 노트를 작성하기 위해 교과서 귀퉁이에 따로 메모를 하거나 알림장에 중요한 내용을 필기하기도 했습니다. 복습 노트 덕분에 서진이는 수업시간에 중요한 내용을 메모하며 더 적극적으로 수업에 참여하게 되었고, 성실한 복습 노트 작성으로 스스로 공부하는 즐거움을 알게 되었습니다.

우리 반 연서는 1인 1역할로 복습 노트 검사하기를 맡게 된 이후로 학교 생활이 달라지기도 했습니다. 사실 공부에 별로 관심이 없어 성적이 낮고 숙제도 잘 해오지 않았으며 친구들과 노는 것을 좋아해 아침에도 운동장에서 놀다 늦게 교실로 들어노는 아이였습니다. 그런데 복습 노트 검사 담당이 되면서 책임감을 느꼈는지 집에 가기 전에 복습 노트를 완성해두고 선생님께 미리 확인을 받으며 다음날 아침 친구들 노트 검사할 것을 대비하였습니다. 아침에도 일찍 교실에 들어와 친구들의 복습 노트를 검사해주던 연서는 친구들에게 부족한 부분을 설명해주며 더 정리해보라고 조언을 하기도 하였습니다. 연서는 성적도 향상되고 친구 관계도 좋아졌으며 숙제를 잘하고 책임감 있는 아이로 발전했습니다.

우리 반 민정이는 복습 노트 작성에만 매일 2시간을 투자한다고 합니다. 이쯤되면 숙제가 아니라 취미 활동이 아닐까 싶습니다. 다양한 색깔 펜을 사용하여 그림과 함께 알록달록 정리되어 있는 노트는 혼자 보기 아까울 정도였습니다. 아이들은 매일 자신의 노트와 친구들 노트를 함께 봅니다. 민정이의 노트는 다른 아이들의 복습 노트에도 알록달록 색깔 펜 꽃과 그림이 피어나게 하는 좋은 영향을 주었습니다.

복습 노트 쓰기

1. 선생님과 함께 첫 복습 노트 작성하기

하루의 마지막 수업시간에 함께 복습 노트를 작성해보는 시간을 갖습니다. 복습 노트는 아이들의 창의성을 위해 줄이 없는 연습장을 준비합니다. 가운데에 오늘 수업의 특징이나 날짜, 또는 원하는 글귀를 쓰고 그림을 그립니다. 간단하게 동그라미도 좋습니다. 그리고 큰 가지를 각 수업마다 뻗어 표시합니다. 1교시 국어, 2교시 수학…. 그 뒤로 각 교과목 시간에 배웠던 중요 내용을 요약하여 적습니다.

선생님이 예시로 작성하는 마인드맵입니다. 아이들은 훨씬 더 재미있게 작성합니다.

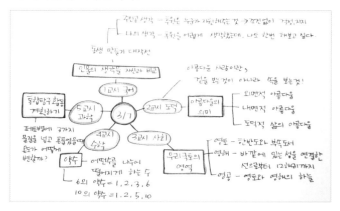

2. 진짜 진짜 가짜 퀴즈 (진진가 퀴즈)

복습 노트 작성이 잘 되는 아이들은 심화 학습으로 퀴즈내기 활동을 함께하도록 합니다. 배웠던 내용을 직접 문제로 만들어 내보는 것입니다. 세 문장을 적는데 진짜 내용 두 가지, 진짜 같은 가짜 내용 한 가지를 적으면 됩니다. 아침에 와서 모둠 친구들끼리 함께 답을 맞춰보는 것도 재밌는 활동이 됩니다.

[진진가 퀴즈]

1. 선사시대는 뗀석기를 만들었던 구석기와 간석기를 만들었던 신석기로 구분된다.
2. 구석기 시대에는 대부분 동굴이나 바위 그늘에 살았다.
3. 신석기 시대에는 열매를 따고 식물의 뿌리를 캐는 등 채집 생활을 주로 했다.

정답: 3번. 채집 생활은 구석기이고, 신석기 시대에는 농사를 지었습니다.

3. 색깔 펜으로 분류하거나 간단한 그림 그리기

꾸미기를 좋아하는 아이들은 말하지 않아도 다양한 색깔의 펜으로 알록달록 아름답게 꾸며옵니다. 익숙해지면 교과목 별로 다른 색 펜을 사용하거나 큰 가지, 작은 가지 별로 다른 색을 사용하면 훨씬 보기 깔끔하여 정리할 때도 편리합니다. 다음에 한 번 더 복습할 때도 보기 쉽습니다.

뭐라고? 잘 안 들려

사회 시간에 우리 고장의 옛이야기를 조사해와서 모둠별로 이야기해보았습니다. 각자 조사해온 내용을 이야기해보라는 말이 떨어지기도 전에 아이들은 모둠 친구들과 옛이야기를 즐겁게 나눕니다.

"우리 마을 이름이 어떻게 생겨났는지 알아?"

"저쪽에 다리 있잖아. 거기 전설을 알아왔는데 진짜 재밌어!"

교실을 이리저리 돌아다니며 아이들의 이야기를 들어보면 어찌나 실감나게 말도 잘하는지요. 물론 이야기하기 싫어 하는 친구도 있습니다. 자기가 조사해온 걸 쓴 종이를 내밀며 읽어보라고 하기도 하지요.

"모둠에서 나온 재미난 이야기를 골라서 전체 친구들에게 발표해봅시다."

"주원이가 조사해온 내용인데요, 옛날에는 우리 마을이 이렇게 발전된 모습이 아니었대요. 저기 아파트 있는 곳이 다 논이고 밭이었다는 이야기를 들었어요."

"주원이는 어떤 이야기가 재미있었니?"

"……"

"재미있었던 이야기 없었어?"

"민수가 그랬는대요. 우리 마을의 이름은…"

뭐라고 이야기를 하는 것 같은데 잘 들리지 않았습니다. 친구 목소리가 작아서 안 들리니 아까 못한 이야기를 더하는 아이, 친구가 조사해온 내용을 읽는 아이, 교과서를 뒤적거리는 아이, 잡담하는 아이, 교실만 더 소란스러워졌습니다. 주원이는 점점 더 목소리가 작아집니다.

"애들아, 주원이가 무슨 재미있는 이야기를 하는지 들어보자!"

"그러니까 그게…"

"뭐라고? 잘 안 들려."

결국, 주원이는 아예 입을 닫아버렸습니다.

40분 동안 집중하는 것도 쉽지 않은 아이들입니다. 선생님이 무슨 말을 하는지도 잘 안 듣고 있는데 목소리가 작은 친구의 발표는 오죽할까요?

발표 목소리가 작아진 틈을 타 말 많은 아이들은 제각기 자기 이야기를 하느라 바빠집니다. 목소리 큰 아이는 이 기회에 순서를 낚아챕니다. "선생님! 저 재밌는 이야기 알아요! 제가 해볼래요!" 선생님을 대신해 주원이에게 잔소리하는 아이도 있습니다. "주원아, 너무 작아서 안 들리잖아! 크게 좀 말해봐." 그러면 주원이처럼 목소리 작은 다른 아이들은 마음속으로 '휴~ 내가 아니라 다행이다'라며 한숨을 내쉬겠지요. 과연 주원이는 어떤 생각을 하고 있을까요? '아, 발표 안하고 싶다. 선생님이랑 눈 안 마주칠걸….' 아마 이런 생각을 하지 않았을까요.

억지로 발표시키기는 쉽지 않습니다. 목소리 크게 해라, 똑바로 서서 해라, 친구들을 바라보고 발표해라, 잔소리해도 잘 되지 않습니다. 어떤 아이에게 일어서서 자신의 생각을 이야기해보라고 했더니 일어서서는 아무 말도 하지 않았습니다. 조금 기다렸지만 아무 말도 하지 않길래 다른 친구 한 명 발표하는 동안 생각해보라고 하였습니다. 다른 친구가 발표를 하고 다시 그 친구에게 기회가 돌아갔지만 여전히 그 자리에 서 있을 뿐 아무 말이 없었습니다. 그렇게 생각이 안 나면 나중에 이야기해보라고 해도 자리에 앉지도 않았습니다. 그 뒤로는 왜 그러냐, 무슨 다른 문제가 있냐고 물어도 대답하지 않고 자신의 생각도 이야기하지 않고 예, 아니오도 말하지 않는 아이를 보고 오히려 제가 쩔쩔 맸던 적이 있었습니다. 오죽 발표를 하기 싫으면 그랬을까요?

억지로 듣게 하는 것도 쉽지 않습니다. 친구가 어떤 이야기를 하는지 잘 들어봐라, 똑같은 내용은 발표하지 마라, 발표하는 친구를 바라보며 들어라, 잔소리해도 잘 되지 않습니다. 수학 시간에 이런 질문을 했습니다. "우리 주변에 원으로 만들어진 물건은 무엇이 있을까요?" 시계요, 컵이요, 두루마리 화장지요, 선풍기요, 시계요……. 누군가 아까 발표한 내용과 똑같은 답이 나왔습니다. "그거 아까 나왔잖아." 한 번 지적이 되었는데도 곧이어 또 나옵니다. "저요! 저요! 시계요!" 잘 안 들리게 발표하는 것도 문제고, 다른 사람 발표 내용을 잘 안 듣는 것도 문제입니다. 몇 번이고 똑같은 내용을 발표하면서 뭐가 잘못되었는지 모르는 것도 문제입니다.

발표가 어려운 아이들

3월에 새 학급에 오면 대부분의 아이들이 발표하는 것을 어려워합니다. 새로운 친구들 앞에서 말하는 것도 어렵고 굳이 나서서 말해야 할 필요성도 못 느끼니까요. 자기소개를 하라고 하면 다들 쭈뼛쭈뼛 머뭇댑니다.

몇몇 개구쟁이들은 선생님에게 질문을 퍼붓기도 합니다. 선생님은 몇 살이에요? 결혼했어요? 아이는 있어요? 남자친구도 있어요? 선생님 무서워요? 어떤 음식을 좋아해요? 등등. 처음 보는 선생님께 이런 질문을 던지는 개구쟁이들도 정작 수업시간이 되면 그렇게 힘이 넘치던 손이 무릎 사이로 꼭꼭 숨어버립니다.

발표 못하는 이유도 다양합니다. 작년에는 발표를 잘 안했어요, 원래 목소리가 작아요, 발표를 꼭 해야 하나요? 틀릴까봐 무서워요, 답을 잘 모르겠어요, 답이 맞는지 확신이 안들어요, 저는 원래 발표 안 해요, 아니 못 해요!

그러면 저는 아이들의 발표를 어렵게 하고 있는 마음에 대해 이야기합니다. "예전에 발표를 했건 안 했건 상관없어요. 여러분은 지금 발표를 하기 싫어서 그저 불안한 마음을 만들어내는 것입니다. 여러분이 발표하기로 마음을 바꾸면 얼마든지 할 수 있어요."

발표 연습하기

보통 새 학년이 시작하고 일주일 동안은 함께 1년 동안 공부할 준비를 하는 기간입니다. 여러 가지 기본 규칙을 익히는 연습을 합니다. 물론 발표 연습도 합니다. 아이들에게 연습할 시간을 주는 것은 아주 중요합니다. 못한다고 잔소리를 하는 것보다 현재 상황에 대처하는 방법을 알려주고 연습을 통해 발전하게 하는 것이 상호 존중의 첫걸음입니다. 상황이 바뀔 때마다 두려움을 겪는 아이들은 이렇게 연습하는 시간을 통해 불안감을 줄일 수 있습니다. 발표 연습을 한 뒤 수업 시간에 해보면 연습하기 전보다 손을 드는 자세부터 목소리 크기, 발표하는 자세가 많이 좋아져 있습니다. 이렇게 두어 번 발표 연습을 하고 나면 학급에서 약속된 발표 자세와 습관을 지니려고 노력합니다. 모두가 함께 발표하는 분위기가 되어 발표에 대한 두려움이 많이 사라집니다. 발표 연습에서는 내용이 정해져 있으니 틀릴 것을 걱정할 염려가 없고 미리 적어둔 것을 보고 읽으니 좀 더 자신감을 지닐 수 있습니다. 하지만 계속된 발표 연습에도 불구하고 여전히 손을 들지 않거나 발표에 참여하려 하지 않는 아이들도 있습니다. 그럴때도 선생님은 포기하지 않는 것이 중요하겠죠.

"자신의 생각을 친구들 앞에서 잘 표현하는 것이 쉬운 일은 아니지. 하지만 귀로 듣고 머리로만 아는 것보다 입으로 표현했을 때 더 풍부하게 배움을 경험할 수 있어. 발표하려고 손을 들었지만 미처 발표하지 못하게 되더라도 발표하려고 입안으로 되새겨보는 그 순간이 바로 배움이 일어나는 순간이라는 것을 잊지 않았으면 좋겠어."

교실엿보기
발표 연습

1. 발표 주제 안내하기

처음에는 자기소개를 주제로 발표 연습을 합니다. 주제는 어떤 것이든 상관없습니다. 선생님이 정하기 나름입니다. 저는 보통 새로운 학년이 된 다짐을 넣어 자신을 소개하는 문장을 발표해보게 합니다. 칠판에 샘플 문장을 써주고 자신의 내용으로 빈칸을 채우도록 합니다. 어떤 내용을 발표할지 내용이 정해져 있어 보고 발표하는 형식은 마음을 더 편안하게 하여 발표에 대한 거부감을 줄일 수 있습니다.

샘플 문장: 제 이름은 ○ ○ ○입니다. 작년에는 1학년 0반이었습니다. 2학년이 되어 <u>발표를 잘하고 싶습니다</u>. (밑줄에 자신의 다짐 적기)

2. 노트에 적기

칠판에 적힌 샘플 문장을 토대로 빈칸을 채워 공책에 적습니다. 여기서는 자신의 이름, 반 등을 적고 자신의 다짐을 생각해서 적습니다. 다 적은 친구는 작은 목소리로 연습합니다.

3. 발표하는 태도

"발표하는 방법에 대해 알고 있나요?"하고 질문하면 다들 고개를 끄덕이지만 정작 손 드는 자세, 발표 자세, 목소리의 크기 등에 대해 자세히 알지 못하는 경우가 많습니다. 알고 있더라도 다시 한번 짚어주며 다 같이 연습해보면 모두가 합의된 자세로 발표하고자 노력하는 모습을 볼 수 있습니다.

■ 손 드는 자세: 허리를 펴고 앉아서 오른손을 들어주세요. 오른손은 직각보다 좀 더 크고 어깨보다 높게 들어보세요. (직각으로 들면 교탁 앞에서 봤을 때 한눈에 누가 손을 들었는지 잘 보이지 않는 경우도 있어 저는 좀 더 높게 들게 합니다. 저학년뿐만 아니라 고학년도 이렇게 연습을 하고 나면 손을 드는 자신감이 눈에 띄게 향상됩니다. 물론 서로 발표하려고 저요! 저요! 하며 손을 마구 들지 않도록 지도합니다.)

■ 발표 자세: 모두 자리에서 일어나보세요. 의자를 집어넣고 책상 앞에 다리를 모으고 바르게 서주세요. 두 손은 가볍

게 주먹을 쥐고 허벅지 쪽으로 내려주세요. 허리는 펴고 시선은 반 친구들은 봅니다. 발표 내용은 머릿속에 기억해서 보지 않고 하는 것이 제일 좋고, 기억하기 어려우면 노트를 얼굴을 가리지 않게 아래쪽으로 살짝 들고 보면서 발표합니다. (이렇게 말해도 얼굴을 가리고 발표하는 아이들이 많습니다.)

■목소리 크기: 1의 목소리는 짝 활동으로 귀에 속삭이듯 속닥속닥, 2의 목소리는 모둠 활동으로 작은 목소리로 소근소근, 3의 목소리는 평소에 하는 목소리로 도담도담, 4의 목소리는 약간 소리에 힘을 줘서 발표할 때 하는 목소리로 씩씩하게 해주면 됩니다. (대부분 선생님들의 목소리 규칙을 살펴보면 3의 소리가 발표하는 목소리인데 3의 소리로 하라고 하니 너무 작아서 좀 더 힘을 주라고 4의 목소리로 설정하였습니다. 목소리 규칙은 여러 번 연습해보면 그 크기를 가늠하기 쉬워집니다. 이는 발표 또는 모둠 활동 등에 교실에서 다양하게 활용할 수 있습니다.)

4. 발표하기

손 드는 자세와 발표하는 자세, 목소리 크기가 알맞은 친구는 격려합니다. 그리고 한 부분이라도 연습이 필요한 아이는 학급 아이들이 다 연습한 다음 다시 연습을 하거나 쉬는 시간에 선생님과 따로 연습을 한다고 하니 다들 적극적으로 참여했습니다.

발표만큼 중요한 것은 듣는 자세입니다. 내 발표가 끝났다고 딴청 피우지 말고 다른 친구들은 어떤 다짐을 했는지 잘 들어보게 합니다. 모든 발표가 끝나고 누구의 다짐이었는지 묻는 퀴즈를 내면 끝까지 잘 들으려고 노력합니다.

05_정리정돈 및 1인 1역하기
꼭 선생님이 볼 때만 정리하니?

쉬는 시간, 다음 수업을 준비하고 있는데 교실 저쪽에서 "아얏!"하며 누군가 넘어졌습니다. 무슨 일인가 싶어 고개를 들어 살펴봤더니 담이 책상 근처에 아이들이 우르르 모여 있습니다. 담이 책가방에 걸려 한 아이가 넘어진 것입니다. 넘어진 아이는 담이를 향해 가방 지퍼 좀 닫으라고 소리지르고, 담이도 질세라 자기가 넘어져놓고 큰소리친다며 똑같이 소리를 지릅니다.

담이 자리 주변은 늘 심란한 모습입니다. 가방은 혀를 낼름거리듯 학습지며 책이며 다 삐져나온 채로 지퍼가 헤벌쭉 열려 있습니다. 하루에도 한두 번씩 아이들이 그쪽을 지나가다 발이 걸려 넘어집니다. 책상 서랍 속에는 무엇이 그렇게 가득 차 있는지 교과서며 학습지들이 삐쭉삐쭉 사방으로 얼굴을 내밀고 있습니다. 그렇게 많은 책이 서랍과 책가방 속에 있는데 왜 수업 시간에 필요한 교과서는 없는 걸까요?

어느 날 교실로 들어가는데 교실이 우당탕탕 난리입니다. 무슨 일인가 싶어 들여다보니 담이가 교실을 굴러다니며 총싸움 흉내를 내고 있었습니다. 자리에 앉으라 하고 보니 담이가 총싸움 흉내를 내며 들고 있던 것은 선생님 서랍에 들어있던 글루건이었습니다.

"담이야, 뭐하고 있어?"

"네? 그냥 놀고 있는데요?"

"그거 어디서 난거야?"

"뭐요?"

"그거, 글루건 말이야."

"네? 몰라요."

교실에 있는 물건은 꼭 필요할 때만 사용하기로 했고, 자신의 물건이든 다른 사람 것이든 아껴 쓰기로 약속했었습니다. 담이는 아무것도 모른다는 얼굴입니다.

"그거 선생님 물건인 것 같은데, 게다가 그렇게 사용하면 위험해."

"네? 그래요?"

"그럼 원래 자리에 정리해줄래?"

하지만 그때뿐입니다. 조금 있으면 사물함 쪽에서 우르르 물건이 쏟아집니다. 선생님이 쳐다보면 담이는 얼른 사물함에 물건을 우겨넣습니다.

"꼭 선생님이 볼 때만 정리하니?"

사실 담이는 선생님이 볼 때도 잘 정리하지 않는 아이였습니다. 자신의 책상, 사물함의 물건 정리정돈뿐만 아니라 교실에 있는 물건들도 다 가져다가 엉망으로 만들었습니다. 정리하라고 해도 제대로 된 적이 거의 없었습니다. 안내장을 나누어주면 꼭 담이 엄마에게서 전화가 왔습니다. 알림장은 적었는지 안내장은 어디 있는지 묻는 전화입니다. 담이의 안내장은 담이 책상 근처 어딘가에 뒹굴고 있겠지요. 그렇게 정리정돈에서부터 시작된 잔소리는 수업 시간, 쉬는 시간 할 것 없이 학교생활의 대부분에서 끊이지 않았습니다. 이러한 담이의 행동이 어느 날 갑자기 변화할 수 있을까요?

문제행동의 목적 찾기

먼저 담이가 하는 문제행동의 목적을 찾아보기로 했습니다. 그러한 행동을 하는 이유는 무엇일까요. 일부러 그러는지, 정리정돈의 방법 모르는 건지 원인을 차근차근 살펴보기로 하였습니다. (4부 보너스 잔소리 〈문제행동의 4단계〉를 먼저 보셔도 됩니다.)

〈잘못된 행동 목적 드러내기〉 활동을 통해 담이가 그동안 〈보복하기 행동〉을 하고 있었다는 것을 알게 되었습니다. 담이의 문제행동은 사실 정리정돈을 제대로 하지 못하는 것만이 아니었습니다. 말을 함부로 하고 화를 잘 내서 친구들과 자주 싸웠습니다. 부모님이 외동인 담이에 대한 기대로 자꾸 못한다고 닦달하는 것에 큰 스트레스를 가지고 있었지요. 부모님뿐만 아니라 친구들도 자신을 좋아하지 않으며, 자기에게만 부당하게 대한다고 오해하고 있었습니다. 그러한 담이의 마음을 먼저 보듬어주는 것이 필요했습니다. 주변 사람들이 담이를 사랑하고 있음을 알게 해주는 것이 급했습니다. 늘 적개심에 가득 차 있는 담이에게 더 따뜻하게 이야기해주면서 작은 문제는 못 본 척 넘어가 주고 스스로 정리정돈에 대한 기술을 배울 수 있도록 시간을 충분히 주어 자신의 속도대로 정리할 수 있도록 담이의 잘못된 행동 목적을 긍정적으로 바꾸어 주는 노력이 필요했습니다.

이번에도 집단토의를 활용했습니다. 담이를 도와줄 수 있는 방법에 대해 상의하자 아이들은 짝꿍이나 같은 모둠원이 되어 도와줄 수 있는 친구들이 곁에 있으면 좋겠다는 의견을 냈습니다. 마침 자리를 바꿀 때가 되어 담이와 같은 모둠이 되고 싶은 아이들을 모집했습니다. 다행히 한 모둠이 될 정도의 아이들이 지원해주었습니다.

집단토의는 문제를 공유함으로써 집단 내 자발적인 협력을 이끌어내는 효과가 탁월합니다. 담이는 도와줄 준비가 된 아이들과 한 모둠이 되어 차근차근 정리정돈의 방법을 익히고 몸에 습관이 되도록 연습하는 시간을 가졌습니다. 친구들이 자신에게 호의적이라는 것이 눈으로 보이니 담이에게도 변화가 찾아왔습니다. 담이는 자신과 같은 모둠이 되고 싶어하는 친구는 아무도 없을 것이라고 생각하고 있었는데 같은 모둠이 되고자 지원하여 도와주는 친구들이 있다는 것에 놀란 듯했습니다. 모든 사람이 자신에게 적대적이라고 생각했던 것이 틀렸다는 것을 깨달았는지 함부로 말하거나 자주 싸움을 걸던 모습도 많이 사라졌습니다. 하지만 여전히 고쳐지지 않는 문제행동도 있었습니다.

문제 해결 선택 돌림판

담이의 문제행동이 나타나면 〈문제 해결 선택 돌림판〉을 사용하게 해보았습니다. 스트레스를 받거나 화가 날 때는 선택 돌림판을 통해 선택한 두 가지 이상의 활동을 합니다. 이 돌림판을 사용하면 화가 나거나 감정이 격해졌을 때 어떻게 해결할 것인지 여러 가지 선택지를 가질 수 있습니다. 돌림판을 통해 다양한 문제 해결 방법이 있다는 것을 알게 됩니다. 평소에 돌림판을 보고 해결책을 찾는 방법을 살펴보며 자신에게 편한 방법을 찾아갈 수 있도록 하면 더욱 좋습니다. 돌림판의 내용은 아이들과 상의하여 학급 실정에 맞게 고쳐 사용합니다.

이 돌림판의 사용법을 습관화하면 누군가가 쫓아다니며 도와줄 필요없이 혼자 해결하는 힘을 기를 수 있습니다. 담이가 주로 사

용한 방법은 〈다시 해보기〉, 〈자신이 원하는 것 분명히 말하기〉, 〈긍정적 타임아웃하기〉, 〈도움 요청하기〉 등이었습니다. 〈문제 해결 선택 돌림판〉을 크게 그려 칠판 옆에 붙여둡니다. 저학년의 경우에는 새 학년 초에 선택 돌림판을 소개하며 자신이 문제 상황에 처했을 때 자주 사용하면 좋을 것 같은 네 가지를 골라 정사면체 모빌을 만들어 교실 뒤에 게시하는 것도 좋습니다. 그러면 화가 난 아이에게 손가락으로 모빌을 가리키기만 하면 됩니다.

1인 1역

개인에게 각자의 역할을 주는 것도 공동체의 소속감을 느끼게 하는 좋은 방법 중에 하나입니다. 담이의 1인 1역은 어땠을까요? 제 입장에서는 담이가 정리정돈을 배우는 중이니 정리정돈과 관련된 역할을 맡으며 자기 자리 정리정돈뿐만 아니라 교실의 정리정돈도 함께 책임지면 좋겠다고 생각했습니다. 하지만 담이는 바른말이끔이 역할에 대한 아이디어를 냈고 자신이 그 역할을 맡고 싶다고 자원했습니다. 1학기에 욕도 많이 하고 친구들에게 싸움도 많이 걸며 함부로 말하던 때가 있었지만 이제는 달라진 모습을 보여주고 싶다나요. 그렇게 바른말이끔이가 된 담이는 스스로도 바르게 말하려고 노력하였고 친구들이 말을 바르게 하지 않을 때 고운말을 알려주며 학급의 바른 분위기 형성에 힘썼습니다. 학급에서 자신이 책임져야 하는 일이 생기고 소속감을 느끼며 친구들의 지지를 받은 담이는 모든일에 자신감을 얻게 되었습니다. 물론 정리정돈도 제법 잘하게 되었습니다.

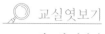

1인 1역 정하기

우리 반의 1인 1역 정하는 방법을 소개합니다.

교실에는 다양한 역할이 필요합니다. 아이들이 필요한 일자리를 선정하고 이름을 지어주면 자기주도적인 책임감을 기를 수 있습니다.

1. 일자리 창출하기

교실에서 있었으면 하는 일자리에 대한 의견을 발표하게 하여 게시판에 게시합니다. 포스트잇을 활용하면 좋습니다.

2. 일자리 선정하기

비슷한 일끼리 묶거나 같은 일은 삭제하고 더 필요하다고 생각하는 일자리를 나열하며 학급 내 일자리 목록을 작성합니다. 우리 반에서 나온 의견들은 일반적인 청소와 정리정돈 외에 바른말 지킴이, 고민상담사, 집단토의 사회자, 줄 세우기 도우미, 복습 노트 점검이, 복도 교통경찰, 장애학생 도우미 등이 있었습니다.

3. 이름 짓기

목록이 정해지면 이름을 짓습니다. 이름을 창의적으로 지어보게 도움을 주면 아이들이 멋진 이름을 생각해냅니다. 예를 들면 장애아동 도우미 역할은 설리반, 바른말 점검이는 세종대왕, 집단토의 사회자는 손석희 등등 인물을 활용한 이름도 재미있습니다.

4. 할 일을 구체적으로 적어두기

이름이 정해지면 각자 하나씩 맡아 해야 할 일을 구체적으로 정리합니다. 다음번에 어떤 사람이 그 역할을 맡더라도 해야 할 일이 무엇인지 알 수 있게 합니다.

5. 1인 1역 맡기

학급에서 정해진 규칙대로 1인 1역을 나누고 활동합니다.

6. 수정, 첨가, 삭제하기

막상 1인 1역을 해보면 고쳐야 할 부분이 많이 보입니다.

누구는 일이 많고, 누구는 일이 적고, 생각해보니 더 필요한 일손이 생기고 다양한 이유로 불만이 나오기도 합니다. 그러면 다시 토의를 통해 수정, 첨가, 삭제 작업을 합니다. 매달 역할이 새로 바뀌더라도 처음 역할을 만든 아이나 할 일에 대해 구체적으로 할 일을 적어둔 것을 보며 도움을 받습니다.

Q. 삶의 자세를 어떻게 가르쳐야 할까요?

"선생님, 화장실 가도 되나요?" 아이들이 자주 하는 질문 중에 하나입니다. 그러면 대답은 보통 세 가지 정도로 나오기 마련입니다.

"응, 그래."

"이따 쉬는 시간에 가렴."

"지금은 안 돼!"

허락과 조건이 붙은 허락 그리고 거절입니다. 그런데 이런 질문이 꼭 필요할까요? 아이들은 어른에게 의존하기를 강요받고 있는 것 같습니다. 학교에서는 선생님에게, 집에서는 부모님에게 의존합니다. 스스로 판단해 결정할 수 있는 일도 일일이 물어봅니다.

아들러 심리학에서는 개개인의 인격체를 존중하고 평등하게 바라봅니다. 매일의 행동은 전부 스스로 결정하는 것이라고 가르쳐주고 아이의 결정을 존중해주어야 합니다. 부모님과 선생님은 그 결정을 지지해주고 아이가 도움을 요청하면 언제든지 도와줄 수 있습니다.

'화장실 가도 되나요?'라는 질문보다는 '화장실에 다녀와서 다음 활동을 할게요.'라고 말할 수 있어야 합니다. '안내장 안 가져왔는데요.' 대신 '안내장을 잊고 안 가져왔는데 내일까지 가져와도 될까요?'라고 문제 해결 방법을 생각해 말하도록 합니다. '친구가 자꾸 귀찮게 해요.'라는 고자질 대신에 '친구하고 이런저런 문제가 있는데 우리끼리 한번 해결해볼게요.'라고 말하게 하고 선생님은 언제든지 도와줄 준비가 되어 있다는 것을 인지하게 해보세요. 간단한 몇 가지 원칙만 지키면 아이들의 문제 해결력이 눈에 띄게 향상됩니다.

1. 자신의 행동은 스스로 결정합니다.
2. 어른들은 아이를 지켜보며 그 과정을 격려해줍니다.
3. 자신의 책무성을 가지고 행동합니다.
4. 혼자서 어렵다면 언제든지 도움을 요청하고 도움을 받습니다. 선생님이든, 부모님이든, 친구든, 집단토의든 도움의 수준을 자신이 선택하게 합니다.
5. 실수해도 괜찮습니다.
6. 모든 행동의 결과에 스스로 책임집니다.

03. 멈출 수 없는 잔소리 행진

"아이들에게 조언하는 가장 좋은 방법은
아이들이 무엇을 원하는지 알아내 그것을
하라고 조언하는 것이다."

- 해리 트루먼(제33대 미국 대통령)

Lorenzo Loppi(1606~1665)
Woman with a Mask

다 같이 해, 무임승차는 안 돼!

체육 시간이었습니다. 세계 여러 나라의 무용을 함께 배우면서 우리 반 친구들도 간단한 동작을 활용하여 음악에 맞추어 외국 민속무용을 춰보기로 했습니다. 선생님이 노래를 골라주려고 했는데 아이들이 노래도 직접 고르고 박자에 맞추어 동작도 잘 매치해서 일이 분 정도로 짧게 만들어오겠다고 합니다. 가요든 동요든 음악 교과서에 있는 노래든 어떤 것이나 괜찮다고 하니 아이들은 신이 나서 머리를 맞대고 노래를 골랐습니다. 아이들은 쉬는 시간, 점심시간 등을 이용하여 노래를 부르며 즐겁게 연습했습니다. 대부분 쉽게 부를 수 있는 동요나 간단한 음악 교과서 노래를 골랐습니다.

드디어 연습한 동작을 친구들 앞에서 선보이는 날이 되었습니다. 그런데 그날 아침 지훈이 때문에 수지와 현민이가 화가 나서 선생님께 달려와 불평불만을 이야기합니다.

"선생님, 지훈이가 모둠 활동 안 해요!"

"같이 연습하자고 해도 나가서 놀아야 한다고 자꾸 연습에 빠지고 참여를 안 해요. 게다가 같이 연습에 참여하는 대신 어깨도 주물러 달라고 하고, 가방도 들어달라하고 그래요."

모둠 활동이니 지훈이는 자기가 안해도 옆에서 다 알아서 할거라 생각했나 봅니다. 잔소리가 또 목까지 올라옵니다.

"다 같이 해! 무임승차 안 돼!"

다 같이 하는 게 좋겠다고, 하지만 그럴 수 없다면 할 수 있는 아이들만 해도 된다고 너그럽게 말해주었습니다. 속으로는 지훈이에게 한소리 퍼붓고 싶었지만 꾹꾹 눌러 참았습니다. 모둠 친구들이 다 짜놓은 동작에 참여시켜주는 것만 해도 고마워해야 할 일인데 친구들에게 어깨를 주물러달라, 가방을 들어달라 이것저것 부당한 요구를 하다니요. 그렇다고 선생님이 나서서 억지로 시킨다고 해결될 일이 아니기에 모둠원들의 선택을 존중하기로 하였습니다.

입이 한 움큼 튀어나올 정도로 속상해하던 수지와 현민이는 다시 모둠으로 돌아갔습니다. 슬쩍 살펴보니 지훈이는 선생님 눈치를 보며 조용히 앉아 있었습니다. 오후 체육 시간이 되었습니다. 지훈이네 모둠이 과연 문제를 어떻게 해결했을지 궁금했습니다.

모둠별로 무용 발표가 시작되었습니다. 모둠마다 멋진 공연을 선보였습니다. 지훈이네 모둠이 발표할 차례가 되자 수지, 현민이와 함께 지훈이도 교실 앞 무대로 나왔습니다. 지훈이가 연습을 많이 못해 서툴긴 했지만 음악에 맞추어 무사히 공연을 끝냈습니다. 나중에 어떻게 해결했냐고 물어보니, 지훈이가 하기 싫어하는 것 같으니 지훈이 부분을 빼고 공연 준비를 하겠다고 이야기했답니다. 진짜로 빼고 할 줄은 몰랐던 지훈이는 가방 안 들어줘도 열심히 하겠다며 쉬는 시간, 점심 시간을 활용해 연습했다고 했습니다. 수지와 현민이는 뒤늦게 참여한 지훈이의 부분을 좀 쉬운 동작으로 바꾸었다고 했습니다.

만약 수지와 현민이가 지훈이의 행동을 고자질하러 왔을 때 선생님이 지훈이를 혼내고 잔소리했다면 어떻게 되었을까요? 물론 결과는 똑같을지도 모르겠습니다. 어쨌든 지훈이는 친구들과 함께 모둠 공연을 끝냈을 것입니다. 하지만 선생님께 혼났다는 생각에 즐거운 마음으로 참여하지는 못했겠죠. 선생님께 이른 친구들이 미울 것이고, 다음번에도 선생님이 안 볼 때는 똑같은 행동을 할지도 모릅니다.

체육 시간이 끝난 후 지훈이를 따로 불러서 격려해주는 시간을 가졌습니다.

"지훈아, 오늘 체육활동 어땠어?"

"제대로 연습을 못해서 실수를 많이 했어요."

"그래도 열심히 참여하는 모습을 보니 선생님은 참 좋더라. 연습하는 것은 안 힘들었어?"

"실은 제가 연습을 안 해서 저 빼고 한다고 하니까 기분이 안 좋았어요."

"연습을 하기는 싫었는데 또 막상 빼고 한다니 그것도 싫었구나? 그럼 친구들이 어떻게 하면 더 좋았을까?"

"아니, 친구들은 계속 같이 하자고 했는데, 저 때문에 힘들었을 거예요."

"우와, 지훈이는 친구들의 마음도 잘 알고 있네. 모둠 활동은 항상 지훈이 하고 싶은대로만 할 수는 없어. 같이 협력해서 다음번에는 더 멋진 팀워크를 만들어보렴. 모둠 친구들한테 사과나 감사의 마음을 전하면 지훈이 마음이 더 가벼워질 거야!"

모둠의 문제는 모둠에서 해결하기

선생님! ○○가 모둠 활동에 참여를 안 해요, 저한테만 다 하라고 미뤄요, 자꾸 자기 하고 싶은 것만 해요, 가위바위보에서 져서 맡은 역할인데 무조건 싫다고 해요 등등 모둠별 활동을 하다보면 다양한 불평불만들이 터져 나옵니다. 보통 모둠에서 문제가 생기면 일단 그 모둠 안에서 해결해보라고 돌려보냅니다. 도저히 의견 일치가 이루어지지 않아 문제가 해결되지 않을 때는 그 결과를 안내해줍니다. 예를 들어 전체에서 선보이는 모둠 발표 활동이나 모둠 게임 등에 모둠 모두가 참여할 수가 없거나 모둠에서 참여하지 않는 아이를 제외한 채로 해야 한다는 것입니다. 선생님이 가서 너 왜 참여 안 하니? 너도 같이 해야지! 이러쿵저러쿵 잔소리하기보다 모둠에서 스스로 문제를 해결하고 그 결과를 책임지게 하는 것입니다. (물론 몸싸움이나 왕따 같은 심각한 일인 경우에는 선생님의 개입이 필요합니다.)

한번은 영어 시간에 역할극을 할 때였습니다. 3학년 아이들은 역할극을 정말 좋아했습니다. 모둠 친구들끼리 각자의 역할을 정해 연습하고 전체 친구들 앞에서 〈오즈의 마법사〉 역할극을 하기로 했습니다. 도로시, 양철나무꾼, 허수아비, 사자 역할이 있는데 한 모둠에서 주희와 소진이가 모두 도로시 역할을 하고 싶어 했습니다. 둘이 가위바위보로 역할을 정하는 동안 명수는 양철나무꾼 역할을, 철민이는 사자 역할을 선택했습니다. 주희가 가위바위보에 이겨 도로시 역할을 하게 됐고, 소진이는 도로시 말고는 다른 역할은 싫다며 고집을 부려 명수가 선생님께 도움을 청하러 왔습니다. 먼저 모둠 안에서 해결해보라고 하자 명수는 소진이에게 남은 허수아비 역할을 하라고 이야기하였습니다. 소진이는 도로시 역할을 못하면 자신은 양철나무꾼 역할을 하겠다고 했고 명수는 그 역할은 이미 정해졌다면서 안 된다고 했습니다. 결국 소진이는 울음을 터트리고 말았습니다. 모둠의 다른 친구들도 기분이 좋지 않아 역할극을 하고 싶지 않다면서 뾰루퉁한 얼굴로 앉아 있었습니다. 이런 상황에서 선생님이 해줄 일이 있을까요? 저는 역할극을 하지 않아도 되고, 하고 싶은 친구들만 참여해도 된다고 했습니다. 다른 모둠의 친구들이 역할극을 진행하는 동안 소진이네 모둠은 계속 뚱한 얼굴로 구경만 하다가 결국 역할극을 못 하고 말았습니다. 하지만 모둠 안의 문제를 함께 해결하지 못하면 어떻게 되는지를 학급 구성원 모두가 체험할 수 있었습니다. 함께하는 일에서는 때때로 하기 싫은 역할을 맡을 때도 있지만 서로 조금씩 양보하면 모두가 즐겁게 참여할 수 있다는 이야기를 함께 나누었습니다.

모둠 협동학습의 원리

우리 반은 모둠 활동을 자주 하는 편입니다. 경쟁보다는 협력을 가르쳐주고 싶고, 서로 못하는 부분과 잘하는 부분을 보완하여 더 완성도 있는 결과물을 만들었으면 하는 바람 때문입니다. 특히 가장 신경 써서 지도하는 것은 협동학습의 원리를 적용하는 것입니다. 우리 반 모둠 활동의 모토는 이렇습니다.

- **내가 맡은 일은 내가 책임져요.**
- **친구가 잘돼야 나도 잘돼요.**
- **우리 모두가 참여해요.**
- **모두 다 같이 주고받아요.**

〈내가 맡은 일은 내가 책임져요〉는 개인적인 책임을 강조하는 말입니다. 모둠 활동이라 모둠 전체 아이들이 다 같이 하긴 하지만 잘하는 몇몇 아이들이 모든 역할을 다 해결해버리기도 합니다. 그래서 작은 역할이라도 개인의 특성에 맞게 모두가 하나씩 나누어 갖게 하는 것입니다. 예를 들어 4인 모둠에서 사회 시간에 모둠 발표를 한다고 하면 2명은 설명을 하는 사회자 담당, 1명은 질문을 받는 질문 담당, 1명은 학급 친구들에게 문제를 내어주는 퀴즈 담당 등으로 역할을 나눌 수 있습니다. 개인적인 책임이 존재할 때 아이들은 더 참여하고 배우려는 동기를 갖기 마련이니까요.

〈친구가 잘돼야 나도 잘돼요〉는 긍정적인 상호의존에 대한 말입니다. '내가 잘돼려면 친구도 잘되어야 할까' 라는 질문을 통해 우리가 서로 협동해야 모둠 활동을 효과적으로 할 수 있음을 인지하게 합니다. 모둠 안에 어려워하고 있는 친구들이 있을 때 도와주고 가르쳐주는 활동을 통해 결국 그 일이 나를 돕게 됨을 깨닫게 됩니다. 아이들은 서로 격려하면서 모둠 활동을 하는 과정에서 개인적으로 활동할 때보다 훨씬 더 좋은 결과물을 창출합니다. 서로 협력하지 않고서는 목표를 달성할 수 없는 과제를 준다면 더 강한 긍정적 상호의존이 나타납니다. 예를 들어 수업 내용을 배우고 모둠에서 무작위로 한 명을 뽑아 모둠 대표로서 문제를 해결하는 활동을 합니다. 누가 뽑힐지 모르기 때문에 모든 아이들이 정확히 이해할 수 있도록 서로 설명해주고 도와주는 긍정적 상호의존이 나타납니다. 그렇게 모둠 대표가 될 상황을 대비하는 동안에 모두가 학습 목표에도 도달할 수 있게 됩니다.

〈우리 모두가 참여해요〉는 동등한 참여를 강조하는 말입니다. 잘하는 아이만 계속 참여하는 것이 아니라 못하는 아이도 도움을 받아 함께합니다. 발표 순서를 정해놓거나 역할 돌아가며 참여하기 등의 방법으로 누구에게나 참여 기회를 똑같이 주는 것입니다. 예를 들면 모둠 친구들이 순서를 정해 돌아가며 의견을 제시합니다. 책도 돌아가며 읽습니다. 모둠원 모두가 다른 색깔의 펜을 들고 모둠 학습지를 작성하면 누가 어떤 의견을 제시했는지 시각화되어 동등하게 참여하고 있는지 살필 수 있습니다.

〈모두 다 같이 주고받아요〉는 동시다발적인 상호작용을 강조하는 말입니다. 시간의 제약으로 모두 다 발표할 때까지 기다릴 수 없을 때 동시다발적 상호작용을 하게 합니다. 각자의 생각을 나누는 시간에 1분씩만 말해도 학급 전체 발표는 30분 이상이 걸립니다. 하지만 모둠 친구들끼리 이야기한다면 4분이면 충분하고, 짝이랑 둘이서 이야기하면 2분이면 모든 아이들이 자신의 의견을 제시하기 충분합니다. 예를 들어 국어 시간에 시를 읽고 느낀 점을 이야기할 때 모둠원들끼리 이야기하면 4분 안에 충분한 이야기를 나누며 다른 아이들의 의견까지 들을 수 있습니다.

이러한 네 가지 협동학습 원리가 다 들어간 협동학습 모형으로 제가 자주 사용하는 것은 〈전문가학습〉입니다. 공부할 문제를 네

가지 주제로 나누어 각자의 모둠원들이 한 가지 주제를 선택하여 전문가가 되는 것입니다. 각 주제의 전문가들끼리 모여 여러 자료를 활용하여 공부를 한 후 다시 원래 모둠원끼리 모입니다. 각자 공부해온 내용을 모둠원들에게 설명해주며 하나의 학습지에 정리합니다. 이때 자기 분야를 공부해오지 않으면 모둠원들에게 설명해 줄 수 없기 때문에 동등한 참여와 함께 개인적인 책임을 인지합니다. 거기에 서로 설명해주고 듣는 동안 긍정적 상호의존을 지니며 동시다발적인 상호작용이 일어나서 제가 원하는 네 가지 원리를 모두 충족시킬 수 있었습니다.

공부하기 싫어하는 용진이도, 늘 무임승차하며 친구들에게 자신의 할 일을 미루는 수찬이도, 모든 일을 자기가 나서서 해결해버리는 민서도 〈전문가학습〉을 할 때는 자신의 역할에 충실하며 모둠 친구들을 믿고 의지할 수밖에 없습니다.

모둠 역할 놀이

이러한 협동학습 원리를 적용해도 가끔은 무임승차하는 아이들이 나오기 마련입니다. 이 문제를 학급의 아이들이 함께 논의하게 합니다. 집단토의도 좋고 특히 모둠 활동 같은 안건은 역할 놀이를 함께 해보면 문제 속으로 집중할 수 있게 되어 더 높은 공감과 함께 효과적인 아이디어들이 나올 수 있습니다. 역할 놀이는 재미있으면서도 감정을 가라앉게 하는 효과가 있어 아이들에게 더 깊은 영향을 줍니다.

우리 반 아이들과 함께 모둠 활동에 관련한 역할 놀이로 과학 시간에 관한 이야기를 다뤄보았습니다. 과학실에서 실험에 참여하지 않고 결과만 받아 적는 아이들에 관한 이야기를 역할극으로 표현해보기로 했죠. 남학생 2명, 여학생 2명으로 이루어진 모둠이었는데 여학생 2명만 열심히 실험을 하고 남학생 2명은 잡담을 하고 놀다가 여학생들의 실험이 끝나면 결과만 듣고 기록했습니다. 남학생들은 왜 실험에 참여하지 않느냐, 같이 해야 한다는 등의 잔소리 대신 친구의 연기를 통해 자신의 모습을 본 것이 행동 개선에 훨씬 효과적이었습니다. 모둠 활동에 적극적이지 않았던 다른 아이들도 자신을 돌아보며 반성하고 다른 모둠원들에게 사과하는 시간을 가졌습니다.

친한 친구랑 같은 모둠은 안 돼!

　오늘은 자리를 바꾸는 날입니다. 아이들에게 선택권을 줘볼까 하고 마음대로 앉기로 하였습니다. 하지만 조건 몇 개가 따라붙습니다.

　"여러분이 원하는 모둠, 원하는 자리에 가서 앉아보세요. 대신 모둠은 남학생과 여학생이 고루 섞여야 하고요, 원래 친했던 친구들끼리는 같은 모둠에 앉지 말고 앞으로 친해지고 싶은 친구들과 함께 앉아요!"

　말이 끝나기 무섭게 가방을 던지며 자리를 찜하는 아이, 친한 친구와 눈빛 교환을 하는 아이, 어디 앉으면 좋을지 머릿속으로 바쁘게 계산하느라 정신없는 아이, 어디에 앉을지 몰라 멍하니 서 있는 아이, 앉고 싶은 자리가 있지만 머뭇머뭇하며 앉지 못하는 아이, 벌써 한 자리를 두고 신경전을 벌이는 아이, 이미 자리에 앉아서 같은 모둠 친구를 물색하는 아이, 아무나 자기 짝꿍으로 못 앉게 생색내는 아이 등 다양한 모습이 나타납니다.

모두들 나름 이리저리 머리를 굴려 좋은 자리를 생각하여 자리에 앉았습니다. 망설이던 명진이만 뒤에 혼자 서 있습니다. 빈자리를 찾아 앉으라고 했더니 빈자리가 포함된 모둠원들이 인상을 찌푸립니다. 서로가 마음에 들지 않는 모양입니다.

그때 저쪽에서 한 아이가 소리칩니다.

"선생님! 저기 친한 애들끼리 같은 모둠에 앉았어요!"

"친한 친구랑 같은 모둠은 안 돼! 자리를 다시 바꾸어보렴."

친한 친구들끼리 앉으면 안 된다고 했더니 서로 안 친하다고 일단 우깁니다. 친한 기준이 애매한 것도 맞습니다. 조금 고민을 하다가 평소에 둘이 자주 어울렸던 것을 생각하고는 선생님이나 친구들이 보기에도 둘이 친한 것 같으니 이번엔 새로운 친구와 같은 모둠을 해보는 것도 좋을 것이라며 자리를 바꾸라고 했습니다. 하지만 이미 다른 아이들의 자리가 모두 정해진 뒤라 명진이가 앉지 않고 있는 그 빈자리 하나밖에 선택권이 없습니다. 자리를 바꾸어주겠다고 나서는 아이들도 없습니다. 결국 그 빈 자리에 친한 친구끼리 앉았던 아이 중 한 명이 가고, 머뭇대며 자리에 앉지 못하던 명진이가 그 모둠으로 가서 앉게 되었습니다.

자리는 어떻게 정하든 정하고 나면 모든 아이들의 마음에 쏙 들기가 어렵습니다. 자기 자리가 흡족한 아이들은 아무 말도 하지 않고 있기 때문에 마음에 안 들어하는 아이들 얘기만 들리는 것도 사실입니다. 사실은 마음에 들면서 괜히 한소리 하고 싶거나 좋아하는 이성 친구와 한 모둠이 되었을 때 괜히 튕기는 소리를 하기도 하지요.

자리 배치가 끝나고 다들 자리가 마음에 드는지 물어보았습니다. 역시나 대부분 인상을 쓰며 별로 마음에 안든다는 눈치를 보내왔습니다. 명진이도 마찬가지였습니다. 아무 말도 안 하고 있었지만 자리를 바꾼 후로 내내 기분이 안 좋아 보였습니다. 마음에 안 드는 자리에 억지로 앉아서인지 아니면 친구들이 자신과 같은 모둠을 안 하려고 드는 점에 기분이 상했는지도 모르겠습니다.

그렇게 일주일쯤 지났을까요. 명진이가 같은 모둠 친구와 잘 지내는 모습이 눈에 들어왔습니다. 아침에 학교에 와서 도란도란 이야기도 잘하고, 점심 먹고 운동장에서 같이 놀고, 끝나고 집에 같이 가고, 숙제도 같이 했습니다.

"둘이 친한데 같은 모둠이 된 거야?"

"아뇨! 같은 모둠이 돼서 친해졌어요!"

억지로 같이 앉긴 했어도 마침 마음이 잘 맞았나 봅니다. 다행히 둘은 좋은 친구 관계를 맺게 되었습니다. 수업 시간에 방해될 정도로 친해졌습니다. 명진이가 친구가 없어 자리를 자유롭게 정할 때 걱정이 되었는데 마침 우연하게 앉게 된 자리에서 마음에 맞는 친구를 사귀게 되어 참 다행이었습니다.

우리 반은 이렇게 자리를 바꿔요!

자리 뽑기를 하자니 친한 친구들이나 장난꾸러기 친구들끼리 모여 앉아 소란스러워질까 걱정이고, 선생님 마음대로 하자니 불평불만이 나올까 걱정입니다. 매번 어떻게 자리를 바꿀까 고민을 했지만 역시 아이들에게 맡기는 것이 제일 좋다는 생각입니다. 우리 반은 자리 배치 가이드라인을 정하고 아이들이 스스로 결정하는 방법을 활용합니다.

이번 가이드라인은 모둠 역할입니다. "모둠에서 하고 싶은 역할을 선택하고 각기 다른 역할을 맡은 네 명이 모여 한 모둠을 만들어봅시다. 한 모둠은 남녀가 고루 섞여 있어야 하며, 친한 친구가 아닌 친해지고 싶은 친구와 모둠을 만들면 더 좋습니다. 자, 이끔이 하고 싶은 친구 있나요?"

그렇게 이끔이가 원하는 모둠의 원하는 자리에 가서 앉고, 그 다음 수학박사, 점검이, 나눔이가 차례대로 원하는 자리에 가서 앉습니다. 보통 6모둠으로 구성되니 각 역할을 하고 싶은 아이 6명씩을 뽑습니다. 모둠당 네 명씩인데 전체 학생수가 스물네 명을 넘어서면 긍정적인 모둠 분위기를 위한 기쁨이 역할을 넣어 5명 모둠으로 만들기도 합니다. 한 명씩 가서 자리에 앉을 때마다 두 가지 조건을 잘 생각하며 각자 알아서 자리에 앉습니다. 혹시 친한 친구들끼리 같은 모둠에 앉거나 성별이 맞지 않으면 서로 알아서 견제해줍니다.

또한 자리 정하기에 앞서 우리 반 아이들의 사회관계망을 소시오넷^SocioNet 프로그램으로 확인해볼 필요도 있습니다. 학기 초에 소시오넷^SocioNet 검사를 하고 학기 말에 다시 검사해 비교해보면 학급 내 집단들끼리 상호작용이 굉장히 늘어난 것을 볼 수 있었습니다. 평소에 별로 이야기하지 않던 친구들과 같은 모둠이 되어보니 자신과 마음이 맞는 친구들이 많은 것을 깨닫고 다른 집단과의 공유가 많아진 것입니다. 그런 덕분에 2학기 들어 자리를 정하려고 보면 다 친해서 같이 앉을 아이가 없다는 경우가 생기기도 했습니다.

SocioNet 검사하기

소시오넷^SocioNet 검사지는 아이들에게 직접적인 질문을 합니다. 생일파티에 초대하고 싶은 친구, 같이 앉고 싶은 친구가 아니라 좋아하는 친구 이름을 쓰라고 합니다. 같은 모둠 되기 싫은 친구, 활동을 같이 하기 싫은 친구가 아니라 꺼려하는 친구를 쓰라고 합니다. 처음에는 고민을 많이 했습니다. 아이들에게 이렇게 직접적으로 질문하는 것이 괜찮을까 하는 고민이었습니다. 그런데 생일파티에 초대하고 싶은 친구를 적으라고 하니 오히려 아이들이 더 고민을 하는 것이었습니다. 당연히 좋아하는 친구를 생일파티에 초대할 것 같은데 상황마다 다른가 봅니다. 좋아하지 않아도 다른 아이를 생각하며 초대하기도 하고, 기분 나쁠까봐 초대하기도 하는 등의 변수가 많았습니다. 그래서 소시오넷^{SocioNet} 검사가 마음에 들었습니다. 더 생각할 것 없이 확실하게 물어보니까요. 재미있는 결과가 나오기도 합니다. 같은 집단이며 즐겁게 노는 것 같은데 실은 그 안에 누구는 누구를 별로 안 좋아하고 누구는 누구만 좋아해서 그 친구만 따라다닌다는 등 집단 안의 미세한 사회적 감정의 흐름을 확인할 수 있습니다. 그 안에서 문제가 생겼을 때 선생님이 이러한 관계를 알고 있는가 아닌가가 크게 작용합니다. 자리를 선정할 때 정말 같이 앉기를 꺼려 하는 몇몇 아이들을 고려해 주거나 특별히 친하게 지내는 아이들을 다른 모둠으로 골고루 배치할 때도 유용합니다.

 교실엿보기
소시오넷 검사

우정의 화살표를 쏘세요!

학년   반   이름:

안녕하세요. 우리 반 친구들의 사회성 관계를 확인하기 위해 간단한 검사를 실시하고자 합니다. 이 검사는 여러분의 성실한 대답으로 완성도 있게 우리 학급의 사회적 관계망이 만들어 질 수 있습니다. 질문을 잘 읽고 여러분이 평소에 생각하는 친구들의 이름을 적어주면 됩니다. 이 내용을 선생님만 확인하며 누구에게도 보여주거나 알려주지 않을 것이니 안심하고 적어도 좋습니다.

① 우리 반은 남자 12명, 여자 10명입니다. 친구들의 이름을 적어보세요.

남자		여자	
			X
			X

** 다음 질문에 정말 솔직하게 대답해 주세요. 과거도 미래도 아닌 현재입니다. **

질문1. 우리 반에서 내가 '제일 좋아하는 친구'를 생각나는 순서대로 몇 명이든 적어보세요.

①	②	③	④	⑤
⑥	⑦	⑧	⑨	⑩

질문2. 우리 반에서 내가 '가장 꺼려하는 친구'를 생각나는 순서대로 몇 명이든 적어보세요.
※ 앞에서 적었던 사람을 다시 적어도 아무런 상관이 없습니다. 칸을 다 안채워도 됩니다.

①	②	③	④	⑤
⑥	⑦	⑧	⑨	⑩

[친구집단1]. 우리 반에서 자주 어울려 다니면서 함께 노는 친구들의 이름을 몇명이든 적어보세요.				

[친구집단2]. 우리 반에서 자주 어울려 다니면서 함께 노는 친구들의 이름을 몇명이든 적어보세요. ※ 앞에서 적었던 사람의 이름을 다시 적어도 아무런 상관이 없습니다.				

[친구집단3]. 우리 반에서 자주 어울려 다니면서 함께 노는 친구들의 이름을 몇명이든 적어보세요. ※ 앞에서 적었던 사람의 이름을 다시 적어도 아무런 상관이 없습니다.				

[친구집단4]. 우리 반에서 자주 어울려 다니면서 함께 노는 친구들의 이름을 몇명이든 적어보세요. ※ 앞에서 적었던 사람의 이름을 다시 적어도 아무런 상관이 없습니다.				

1. 소시오넷^{SocioNet} 검사지를 나누어 줍니다.

질문 1과 2는 아이들 사이의 사회 관계망을 측정하는 질문이고, 친구집단 1, 2, 3, 4는 또래 집단을 확인하는 질문입니다. 친구집단은 우리 반에서 함께 어울려 노는 친구들의 그룹을 적는 것입니다. 자신이 함께 노는 친구들 그룹도 적고, 자신이 알고 있는 다른 그룹의 친구 이름도 적으면 됩니다.

2. 작성 내용을 보고 사회성 측정 지표를 완성합니다.

세로 축의 이름을 기준으로 가로 축의 좋아하는 친구에 ○, 꺼려하는 친구에 ×를 합니다. 또 친구 집단 자료를 보고 반

	지운	서연	다현	다훈	상아	세연	연후	유완	현정	명주	준완	은서	진	예진
강지운														
권서연														
김다현														
김다훈														
김상아														
김세연														
김연후														
김유완														
노현정														
박명주														
박준완														
서은서														
서진														
손예진														

아이들에게서 공통적으로 나오는 집단을 찾아 또래 집단을 선
정해줍니다.

3. 소시오넷^{SocioNet}이 완성되었습니다.

이 예시는 10명의 여자아이들이 3개의 집단과 외톨이를 이
루고 있는 모습입니다. 집단Ⅰ은 파벌집단으로 다른 집단과
의 교류가 없이 세 명이 친하게 지내는데 실은 두 명의 사이는
그다지 좋지 않습니다. 집단Ⅱ와 집단Ⅲ는 4명과 2명이 집단

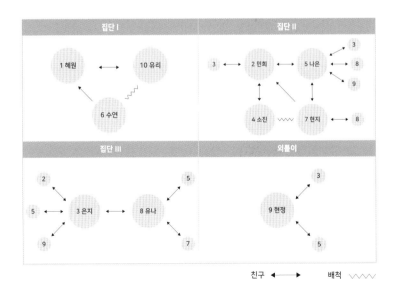

을 이루고 있는데 이는 그룹집단으로 집단 구성원 이외의 다른 친구들과도 교류가 많은 것을 볼 수 있습니다. (작은 원은 집단 구성원이 아닌 다른 친구들의 번호를 나타냅니다.) 외톨이는 한명 존재하지만 친하게 지내는 집단이 없을 뿐 두 명의 친구들과 좋은 관계를 나타내고 있습니다. 나중에 혹시 왕따의 위험이 없는지 잘 관찰하면 좋습니다.

4. 또래 집단을 두 가지 유형으로 나눌 수 있습니다.

파벌 집단과 그룹 집단으로 나눠볼 수 있는데 파벌 집단은 집단 구성원끼리 똘똘 뭉쳐 다른 집단과의 교류가 거의 없는 집단입니다. 집단 구성원 중 한 명이 다른 집단의 친구들과 이야기를 하거나 친하게 지내면 이 집단은 그 아이를 밀어내 버리기도 합니다. 특히 고학년 여학생들로 갈수록 파벌 집단의 형태가 자주 나타납니다. 그에 비해 그룹 집단은 같은 집단이지만 다른 집단의 친구들과도 교류가 활발하며 언제든 다른 그룹에도 속할 수 있게 여유가 있는 집단입니다.

한번은 세 명의 아이가 친하게 지내는 파벌 집단이 있었습니다. 그 셋은 학급의 다른 아이들과는 교류가 거의 없다시피 했지만 서로 재밌게 잘 지냈습니다. 검사 결과로는 학급의 다른 아이들은 대부분 이 세 명의 아이들을 꺼려하는 친구들로 적고 있었습니다. 특별히 피해를 주는 것 같지 않았지만 세 명이 모여 다니는 모습이 무엇인가 불쾌하다고 느낀 듯합니다. 어느 날 세 명의 아이들 중 한 명이 가정체험학습으로 학교를 일주일간 결석하게 되었습니다. 마침 또 한 아이가 감기가 심해 결석하게 되었고, 남은 한 명의 아이는 혼자 학교에 왔습니다. 마치 왕따처럼 그 누구도 이 아이와 놀아주지 않았고, 이 아이도 스스로 얼마나 외롭고 소외당한다고 느꼈는지 결국 울음을 터트리고 말았습니다.

다음 주, 세 명 모두가 결석하지 않고 출석하였을 때 우리는 바로 집단토의를 진행하였습니다. 먼저 그룹 집단과 파벌 집단의 차이점에 대해 설명해주고, 아이들은 집단에 대해 생각하는 시간을 가졌습니다. 자신들이 왜 다른 친구들과의 교류를 싫어했는지, 다른 사람들을 소외시키는 것은 어째서 옳지 않은지, 함께 있을 때 편안하게 느끼는 이유는 무엇인지, 같은 반 친구들끼리 어떻게 지내는 것이 자연스러운지 등에 관한 이야기를 하였습니다.

세 명의 아이들을 제외한 다른 아이들은 이미 그룹집단을 형성하고 있었기 때문에 어렵지 않게 집단에 관한 이야기를 받아들였습니다. 세 명의 아이들 역시 이번 일을 계기로 다른 친구들을 다시보며 함께 잘 지내보기로 마음먹었습니다.

Q. 아이들과 특별한 시간을 보내고 있나요?

선생님은 학급의 각각의 아이들과 단 5분이라도 특별한 시간을 보내고 있나요? 학급의 모든 아이들은 학교에 온 반나절 내내 선생님과 한마디라도 즐겁게 나누고 가는 것일까요? 활발한 아이들은 먼저 선생님께 다가와 질문도 하고 이야기도 하고 수업 시간엔 발표도 하지만 대부분의 아이들은 선생님과 일대일로 이야기하기가 쉽지 않습니다. 같은 교실에서 1년 내내 생활해도 어떤 아이에 대해서 잘 모르는 경우도 생깁니다. 선생님과 더 가까운 관계를 맺게 되면 학급의 소속감을 느끼고, 선생님을 더 존중하며 잘못된 행동 변화에도 긍정적인 효과를 가져옵니다. 하지만 30여명이나 되는 아이들과 단 5분씩이라도 시간을 보내는 것이 쉬운 일이 아닙니다. 많은 시간을 투자하는 것이 아니라 자연스럽게 특별한 시간을 보낼 수 있는 방법을 소개합니다.

매일 한 명씩 돌아가며 선생님 짝궁으로 초대합니다. 교탁 옆에 마련된 책상과 의자에는 선생님 짝궁이 된 아이가 그날 하루종일 앉습니다. 굳이 많은 이야기를 하지 않아도 됩니다. 학교에 오면 얼굴 마주보며 방긋 인사하고, 간단한 인사말을 나눕니다. 수업 시간엔 발표도 더 자주 시켜주고, 점심 시간엔 맨 앞에 줄을 서서 선생님과 함께 점심을 먹으며 이야기를 나눕니다. 학교생활, 친구관계, 공부 등 평소 생활 이야기를 나누고 짝꿍이 되기 전에 선생님께 질문할 거리를 생각해오라고 해도 좋습니다.

저는 보통 3월에 모둠 데이트라고 하여 점심 시간에 모둠별로 4~5명과 함께 밥을 먹으며 이야기하는 시간을 갖습니다. 보통 6모둠이라 2주가 채 안 걸립니다. 4월에는 선생님의 짝꿍 활동을 5월까지 진행합니다. 너무 바쁜 날은 못하고 넘어가기도 하여 두 달 동안 천천히 한 명 한 명과 만납니다. 그러고는 2학기에 한 번 더 반복합니다.

모둠 데이트와 선생님 짝꿍 활동을 진행하고 보면 그렇게 많은 시간 이야기 한 것은 아니지만 아이들과 작은 유대감이 생기고 그 유대감이 서로 조금씩 가까이 다가가는 계기가 됩니다.

이것도 먹어봐! 저것도 먹어보고!

급식시간입니다. 오전 내내 아이들과 활동을 했더니 배가 무척 고팠습니다. 아이들도 배가 고픈지 점심 시간만 기다렸습니다. 오늘은 아이들이 좋아하는 비빔밥이 나오는 날입니다. 갖은 채소와 볶은 고기를 맛있는 고추장에 쓱쓱 섞은 비빔밥에 구수한 된장국 한 숟가락 먹으면 너무 맛있을 것 같아 즐거운 마음으로 급식실로 갔습니다. 다들 식판에 밥을 그득히 담아 자리에 앉았습니다.

"맛있게 잘 먹겠습니다!"

아이들이 맛있게 잘 먹나 한바퀴 둘러보고 있는데 이 맛있는 비빔밥을 젓가락으로 깨작깨작 훑고 있는 서현이가 눈에 띕니다. 평소에도 밥을 맛있게 못 먹고 밥알을 세는지 한두 알씩 겨우 입에 집어넣습니다. 채소나 김치 등을 먹을 때는 안 먹겠다고 버티다가 몸에 좋다 한 번만 먹어봐라, 이번에는 진짜 맛있다, 한번 먹고 맛

없으면 먹지 마라, 이런거 잘 먹어야 키가 큰다 온갖 감언이설로 꼬드기면, 오만상을 찌푸리고 겨우 맛을 보기도 했습니다. 좋아하는 반찬은 계란이나 햄, 고기류뿐이었습니다. 그마저도 많이 안 먹어 너무 안타까웠습니다. 세상에 맛있는 것이 얼마나 많은데 이렇게 먹는 즐거움을 모르나 싶기도 했습니다.

오늘도 마찬가지입니다. 비빔밥에 야채를 젓가락으로 골라내고 자기가 좋아하는 콩나물과 볶은 고기만 살살 비벼 그 부분만 한두 젓가락 먹고 있습니다. 된장국은 손도 대지 않았습니다.

"서현아, 시금치랑 고사리도 같이 비벼 먹어봐, 얼마나 맛있는데~ 숟가락 가득 올려서 이것도 먹어봐! 저것도 먹어보고! 응?"

역시나 서현이는 안 들리는 척 젓가락으로 밥알과 씨름중입니다. 선생님은 삐쩍 마른 서현이가 신경 쓰입니다. 그렇다고 자꾸 먹으라고 강요할 수가 없습니다. 아무리 좋은 의도라고 해도 선생님이 계속 먹으라고 잔소리한다면 서현이는 선생님에 대한 안 좋은 감정만 쌓여간 채 식습관은 고치지 못할 것입니다. 그렇다고 먹든 안 먹든 내버려 둘 수도 없습니다.

새로운 학년이 시작되어 가정환경조사서를 받고 나면 담임선생님께 한마디 란에 학부모님들의 부탁 사항이 적혀 있습니다. 여러 내용 중에 급식지도에 관한 말들도 있습니다. 우리 아이는 해산물 알레르기가 있으니 급식 먹을 때 조심해주세요, 두부를 먹으면 토하니 급식을 강요하지 말아주세요, 편식이 심하니 골고루 먹을 수 있게 도와주세요 등 다양한 요구사항들이 적혀 있습니다. 알레르기가 있는 아이는 어쩔 수 없겠지만, 그렇다고 누구는 꼼꼼하게 확인해주고, 누구는 확인 안 해주고 할 수가 없어 선생님이 급식지도를 할 때는 모두에게 동일한 기준으로 확인할 수밖에 없습니다.

스스로 기준을 정하게 하기

그래서 저는 아이들이 각자 기준을 정하게 합니다. 억지로 먹이는 것이 아니라 식단표를 보고 일주일이나 한 달간의 급식 약속을 스스로 정하게 합니다. 일단 영양사 선생님으로부터 매달 식단표 안내장이 나오면 색연필을 들고 식단표 공부를 시작합니다. 맛있는 반찬이 나오는 날이 어느 날이며, 나는 어느 날 급식을 다 먹을 수 있을 것 같은지, 이번 주에는 몇 번이나 급식 다 먹기를 실천해볼 것인지 등을 이야기합니다. 다 먹을 수 있는 날에는 동그라미를 합니다.

기준을 정하기 전에 같이 나눌 이야깃거리도 많이 있습니다. 음식을 먹으면 어디에 도움이 되는지, 골고루 먹는 것은 왜 중요한지, 음식물을 남기게 되면 음식물쓰레기는 어떻게 처리되는지, 음식물쓰레기 때문에 어떤 문제가 있는지, 급식이 나오기까지 어떤 사람들의 노력이 있었는지 등 다양한 이야기를 나누어보면 아이들의 다 먹는 날 동그라미 갯수가 점점 늘어나기도 합니다. 다 먹기로 결정한 날이 아니더라도 음식을 만들기 위해 노력한 사람들을 위해, 나의 튼튼한 몸을 위해 모든 반찬을 한두 번 이상 맛을 보기, 반찬을 남기지 않을 만큼 가져오기 등의 이야기도 함께 나눕니다.

아이들이 내면에서부터 심각성을 느끼면 잔소리하지 않아도 스스로 하려고 노력합니다. 다 같이 잘 먹는 분위기가 형성되면 서로 한 번이라도 더 먹으려고 선의의 경쟁을 하기도 합니다.

격려해주세요

그래도 안 먹는 아이들은 격려하기 방법을 사용해봅니다.

"김치를 많이 받아왔구나, 김치 좋아하니?"

"계란말이를 제일 먼저 다 먹었네, 계란말이가 맛있었어?"

"오늘은 밥을 많이 남겼구나, 밥이 맛이 없었어?"

칭찬과 격려는 다릅니다. 많은 선생님이 어떤 아이는 아무리 눈 씻고 찾아도 칭찬할 것이 없다고 말하기도 합니다. 하지만 격려는 눈 씻고 찾지 않아도 쉽게 이야기할 수 있습니다.

격려하는 방법은 간단합니다.

하나, 그냥 아무 말도 필요없이 보기만 합니다.

둘, 그냥 본 것을 설명합니다. "파랑색을 사용해서 그림을 그리고 있구나." "배를 그리고 있구나." "색연필을 친구에게 빌려주는

구나." 이런 말은 아이들로 하여금 스스로 어떻게 느껴야 할지, 스스로에 대해서 어떻게 생각할지 결정하게 해줍니다.

셋, 질문을 합니다. "네가 좋아하는 색깔이 파랑색이야?", "배 그리는 방법을 어떻게 생각해냈니?" "왜 색연필을 빌려주기로 했어?" 아이에 대해 평가하는 것이 아니라 본 것을 말하고 질문함으로써 아이들이 반응하게 만드는 것입니다.

넷, 더 적극적인 격려를 하고 싶다면, 주어진 상황 속에서 참여하고, 인내하고, 도움을 주고, 협동하여 노력한 점을 알려주는 것도 좋습니다. 실질적으로 아이가 해낸 것이 없더라도 이에 도전해서 노력했다는 것을 이야기할 수 있습니다. "시간이 얼마 안 남았는데 그 시간 동안 노력하고 있는 모습이 보기 좋구나."

이런 과정은 칭찬이 있어야 행동하게 하거나 권위자에 복종하게 하는 것이 아니라, 본인 스스로 도덕적인 사람이 되게 하고 그런 행동을 스스로 즐기게 만듭니다. 격려는 행동을 변화시키고, 아이들의 성장을 돕는 데 가장 강력한 힘을 발휘합니다. 실은 아이들의 모든 문제 상황에 격려만 있다면 다른 것이 더 이상 필요 없는 경우가 많이 있습니다.

격려하고, 격려하며, 또 격려해주세요

예전에 우리 반 학생 중에 저를 너무 힘들게 하는 아이 한 명이 있었습니다. 여러 방법을 써봐도 제 뜻대로 되지 않았습니다. 만약 아들러를 직접 만나 어떻게 하면 좋을지 물어본다면 아들러는 어떻게 답했을까요. 분명 이렇게 대답할 것입니다. "그 학생은 용기를 잃었어요. 격려하고 격려해주세요. 많이 격려해주고 또 격려해주세요." 선생님이 하루종일 해야 할 가장 중요한 일은 끊임없이 아이들을 격려하고 격려하며 또 격려하는 것입니다.

하지만 격려하기가 쉽지 않습니다. 끊임없이 내 행동과 말이 격려인지 아닌지 고민해야 합니다. 게다가 경쟁이 익숙한 우리에게, 아이들의 잘못된 점을 찾아 고쳐주고 싶은 선생님에게, 성취기준을 들이대는 학교 시스템에게 밀려 격려하는 말은 낯설고, 자연스럽게 흘러나오기 어렵습니다.

다들 앉아 점심을 먹고 있는데 흘리면서 먹고 있는 아이에게 "음식이 많이 떨어졌네, 어떻게 하면 좋을까?"하는 격려보다는 "넌 왜 이렇게 지저분하게 먹니? 어서 화장지 들고 와서 닦아!"라는 말이 먼저 나오기도 합니다. 선생님 역시 끊임없이 격려를 연습해보아야 합니다.

칭찬하지 마세요

칭찬하지 말라는 이야기를 처음 접했을 때는 참으로 충격적이었습니다. 칭찬을 통해 아이들이 동기유발되고 적극적으로 참여하며 칭찬받기 위해 열심히 하는 모습을 보며 자라왔으니까요. 하지만 곰곰이 생각해보면 칭찬으로 부담스러웠던 기억이 많이 떠

오를 것이예요.

지금 당장 칭찬의 말 몇가지를 생각해보세요. 아마 대단하다, 잘한다, 똑똑해. 머리 좋다 중에 한가지 아닌가요? 이 외에 칭찬의 말을 더 떠올릴 수 있을까요? 대부분 어떤 행동을 하든 착하다, 대단하다, 잘한다 등의 칭찬으로 마무리됩니다. 그런 말을 들은 아이들은 어떤 느낌일까요? 사실은 그렇게 착하지 않은 자신에게 화가 나거나, 그렇게 똑똑하지 않은 나 자신이 굴욕적이거나, 그렇게 잘하지 못하는 나 자신에게 압박이 시작됩니다. 그렇게 대단하지 않은 자신에게 실망할까봐. 심지어 부정행위를 해서라도 자신의 실제 모습을 드러나지 않게 감추기도 합니다. 혹시나 새로운 도전을 해서 머리가 좋다고 했던 자신이 실패할까봐 더 어려운 문제에는 관심도 갖지 않습니다. 자신의 발전이 아니라 친구들 사이에서 자신이 몇 등이나 되는지만 확인하고자 합니다.

EBS교육대기획 「학교란 무엇인가」 프로그램에서 칭찬의 역효과에 관한 실험을 한 적이 있습니다. 2학년 아이들에게 책을 한권씩 읽을 때마다 칭찬스티커를 붙여주는 것입니다. 도서관에는 아이들의 수준에 맞는 책과 유치원 수준의 책이 반반 골고루 섞여 있었습니다. 아이들은 어떻게 하였을까요? 한 아이가 책을 한 권 읽고 칭찬스티커를 받아가자 서로 눈치를 보며 모두가 눈과 손이 바빠졌습니다. 책을 빨리빨리 넘기며 대충읽고, 글자는 적고 그림이 많은 책을 골라 남들보다 빨리 읽으며 칭찬스티커만 받기 위해 달려다녔습니다. 그 누구도 웃는 아이는 없었습니다. 100분의 시간동안 아이들이 배운 것은 무엇이었을까요?

아이들이 배우는 것을 스스로 즐기게 된다면 칭찬이나 칭찬스티커는 필요없습니다. 칭찬은 배우거나 경험하는 즐거움을 오히려 빼앗아갑니다. 아이들의 문제풀이, 그림그리기, 놀이마저도 칭찬의 대상이 되는 순간 아이들은 그 평가에 갇혀 스스로의 느낌으로 표현하고 판단하는 능력을 잃어버리게 되는 것입니다.

칭찬이 아닌 격려를 해주세요

칭찬의 역효과를 생각하며 칭찬이 아닌 격려를 하도록 노력해야 합니다. 칭찬과 격려를 좀 더 비교해보도록 하겠습니다.

1. 격려는 과정을 이야기하고, 칭찬은 결과를 이야기합니다.

"이번 프로젝트 학습을 위해 정말 열심히 했구나."는 격려이고, "너희 모둠이 이번 프로젝트 학습에 가장 높은 점수를 받았어."는 칭찬입니다.

2. 격려는 행동 그 자체에 대해 이야기하고, 칭찬은 행동을 한 사람에 대해 이야기합니다.

"청소를 잘 해서 교실이 깨끗해 졌네."는 격려이고, "너는 정말 청소를 잘 하는 구나."는 칭찬입니다.

3. 격려는 개인에게 집중하여 이야기하고, 칭찬은 비교를 통한 평가를 통해 이야기합니다.

"그림을 그리며 즐거워하는 모습이 보기 좋다."는 격려이고, "너 정말 그림 잘 그리는구나."는 칭찬입니다.

한 아이에게 하는 칭찬은 다른 아이들에 대한 질책이 되어 아이들에게 경쟁심을 심어주거나 실망시키는 경우가 많습니다. 예를 들어 "너 공부 진짜 잘한다"라는 칭찬은 의도하지 않았더라도 다른 아이들보다 더 잘한다는 비교를 통한 평가가 되어버립니다. 그 이야기를 듣고 있는 다른 아이들은 이 아이보다 더 잘해서 나도 칭찬받아야겠다는 경쟁심을 머릿속에 되새기게 되거나 이 아이보다 못한다는 실망감을 경험하게 됩니다.

반면, 격려는 다른 누군가가 듣고 있어도 전혀 무관한 표현이 됩니다. "역사책을 읽고 있네, 역사에 관심이 많구나."라는 격려는 격려받는 아이에게 충분한 관심을 주면서 다른 아이들에게 평가나 비교의식을 심어주지 않습니다.

제가 어렸을 때 일입니다. 저는 평소에는 청소를 별로 좋아하지는 않지만 한번 마음먹고 시작하면 깔끔하게 정리하는 성격이라 그날따라 사물함에 있는 물건을 다 꺼내 구석구석 먼지를 쓸어내고 정리하고 있었습니다. 그때 어디선가 선생님이 오셔서 "와, 너 정말 청소를 잘하는구나, 대단해." 하고 칭찬하고 가셨습니다. 순간 기분이 으쓱해져서 책도 탈탈 털며 더 열심히 정리정돈을 하였습니다. 덕분에 제 옆에 있던 친구들 몇 명도 사물함 정리정돈에 나서기도 하였습니다. 물론 몇몇 친구들은 "쟤, 뭐하냐? 칭찬받으려고 정리하는거 아니야?"라며 힐끔거리기도 했습니다. 그 뒤로 괜히 선생님이 지나가실 때면 서랍 정리, 가방 정리를 하며 '나는 청소 잘 하는 아이'로서의 이미지를 깨지 않기 위해 노력하게 되었습니다. 문제는 그 다음부터였습니다. 몇 번을 정리정돈하며 선생님 앞에서 청소를 하였는데 그 이후로 선생님은 단 한 번도 청소 잘한다며 칭찬을 해주지 않으셨습니다. 어느 순간부터 청소하기가 싫어졌습니다. 해봤자 칭찬해줄 사람도 없는데 왜 열심히 해야 되나 하는 생각까지 들었습니다.

이런 것이 칭찬의 가장 큰 역효과가 아닐까 생각해보았습니다. 칭찬받는 순간은 기분 좋고 어깨가 으쓱하겠지만, 계속된 칭찬을 받지 못하면 더이상 그 일을 해야 하는 목적이 사라져버리는 것입니다. 있는 그대로의 나 자신이 아니라 상대방이 바라는 모습을 상상하고 그에 맞춰가게 되니까요. 칭찬을 받을 때만 내가 가치 있는 존재가 된 것 같은 느낌을 갖게 되는 거죠. 결국 내적 동기가 아닌 칭찬이라는 외적 동기에 의존하게 된다는 겁니다.

칭찬은 고래는 춤추게 하지만, 모든 사람들이 용기를 가지고 앞으로 나아가게 할 수는 없습니다. 저는 격려의 힘을 믿습니다.

서현이에게 격려를 적용해 좋은 식습관을 만들기 위해 노력해보았습니다. 처음엔 학급 아이들과 함께 스스로 기준을 정해 급식을 먹어보라고 하였지만 채소를 거의 먹지 못하던 서현이는 한 달에 한 번도 다 먹기 힘들어했습니다. 김치도 못 먹고, 국은 국물만 겨우 떠먹고, 밥 먹는 속도도 너무 느렸습니다. 하지만 이제는 식판에 놓인 반찬들 한두 가지는 먹을 수 있게 되었고 김치도 몇 조각씩 먹게 되었습니다. 서서히 좋아지는 모습에 격려의 힘을 다시 한번 느꼈습니다.

"서현이는 콩나물 좋아하나봐. 다른 채소들은 먹기 어려워하던데 어떻게 콩나물은 잘 먹게 되었어?"

"콩나물도 채소예요? 콩나물은 아삭아삭 맛있는데요."

"콩나물도 채소지~ 콩나물 잘 먹는 거 보니 다른 것들도 잘 먹을 수 있을 것 같아. 콩나물처럼 맛있는 채소들도 많아."

서현이가 먹는 음식 종류들을 가만히 관찰해보니 고기, 햄, 계란류만 좋아하는 줄 알았는데 콩나물도 잘 먹었습니다. 서현이 어머님께 전화드려 콩나물하고 비슷한 숙주나물도 먹어보면 좋겠다고 반찬으로 만들어 주라고 했습니다. 집에서 숙주나물도 도전해본 서현이는 숙주나물도 맛있다며 먹을 수 있는 채소가 한 가지 늘었다고 좋아했습니다.

"우와, 숙주나물도 도전해본 거야? 그렇게 새로운 음식에 도전하는 모습이 보기좋다! 다음번에 급식에 또 다른 맛있는 채소가 나오면 선생님이랑 같이 도전해서 세 가지로 늘려볼까?"

"네, 좋아요!"

한번 성공의 기쁨을 느낀 서현이는 새로운 음식에 도전하는 것에 예전보다 약간의 두려움이 없어진 것 같았습니다. 너무 한꺼번에 밀어붙이면 힘들 것 같아 시간이 오래 걸리긴 하였습니다. 평소엔 좋아하는 반찬으로 밥 먹으라며 쳐다보지 않으며 신경 안 쓰는 척 몰래 지켜보았습니다. 어느날 급식 반찬에 무나물이 나왔습니다. 무나물이 어떨까 싶어 살짝 서현이에게 권하여보았습니다.

"서현아, 이것도 서현이가 좋아하는 나물류인 무나물인데, 오늘 세 번째 도전 채소로 어떤 것 같아?"

그렇게 차근차근 먹을 수 있는 채소를 늘려갔습니다. 서현이 속도에 맞추어 천천히 진행하다보니 학년말이 되었을 때 편식을 아주 고친 것은 아니였지만 식판에 놓인 반찬들을 적어도 한두 번씩 먹어보며 새로운 음식에 대한 두려움은 많이 사라졌습니다. 때로는 시도해보고자 한 음식을 먹지 못했어도 먹어보려고 한 노력을 격려해주었습니다. 먹는 양이 좀 늘어나니 살도 좀 붙은 것 같았습니다.

04_숙제 및 안내장 점검하기
모두 다 가져왔지?

    아이들의 학교 생활 사진을 홈페이지에 올리고 활용하기 위해 정보수집동의서가 필요했습니다. 정보수집동의서(예/아니오)에 사인을 받아오라는 안내장이 나갔습니다. 다음날 많은 아이들이 안내장에 사인을 받아 가져왔습니다.

    "모두 다 가져왔지?"

    안 가져온 아이들은 내일은 꼭 가져오겠다는 이야기를 하고 집으로 돌아갔습니다.

    다음 날, 여전히 안내장을 안 가져온 세 명의 아이들.

    "안내장 안 낸 세 사람은 어떻게 할거니?"

    "내일은 꼭 가져오겠습니다."

    "늦어도 이번 주까지는 제출해야 해~"

    다음 날, 세 명의 아이들은 또 깜박 잊고 안내장을 안 가져왔다고 하였습니다. 시간적인 여유가 있었기에 하루 더 시간을 주기로 하였습니다. 그런데 알림장에 적어가도 아침마다 정신없이 학교로 뛰어오는 세 명의 아이들은 여전히 안내장을 안 가져왔습니다.

아이들은 "안내장 안 가져왔는데요"하고 멀뚱멀뚱 선생님만 바라보고 있습니다. 보통 선생님께서 혼을 내면 꾸중을 듣고 가만히 고개 숙이고 서 있고, 내일 가져오라 하면 네, 하고 들어가는 경우가 대부분입니다. 어떤 문제든 자신의 가치판단이 아닌 선생님의 해결 방안만 기다리고 있는 것입니다. 어쩌면 아이들은 그동안 어른들의 말에 의존적이고 무책임한 생활을 강요받으며 존중받지 못한 채 살아왔을지도 모릅니다. 우리 반에서는 자신이 책임져야 하는 일은 자신이 해결하도록 하였습니다. 어떤 일이든 생각대로 일이 해결되지 않았을 때 다른 방안을 생각해 본 뒤 선생님께 오라고 가르쳤습니다.

예를 들어 안내장을 가져오지 않았을 때 하교 후 집에 가서 다시 가져올지, 다음 날 잊지 않고 잘 챙겨올지, 집에도 안내장이 없다면 여기서 안내장을 다시 만들어 제출할지, 학교 앞 문구점에서 친구의 것을 복사할지 알아서 좋은 방법을 생각하게 합니다. 여분의 안내장이 남아있어도 웬만하면 다시 나누어주지 않습니다. 자기의 안내장은 스스로 챙겨야 한다는 교실 규칙 때문이죠.

이렇게 자신의 일에 책임지는 사례는 또 있습니다. 미술 시간에 시간이 부족하여 작품을 완성하지 못했을 때 남아서 하고 갈지, 내일 아침에 조금 더 일찍 와서 마저 완성할지, 아니면 점심시간 등을 이용해서 해결할지 결정한 후 선생님께 알려주는 것입니다. 또는 교과서를 학교에 안 가져왔을 때, 아침 시간이 남았다면 집에 다시 가서 가져올지, 친구의 것을 같이 보며 적어야 할 내용은 학습 공책에 적고 나중에 옮겨 적을지, 다른 반 친구의 교과서를 빌려올지 등을 스스로 결정합니다.

자신의 일에 스스로 결정을 하고 나면 그 결과도 온전히 자신이 책임질 수 있습니다. 선생님은 최소한의 기간만 정해줍니다. 오늘까지 마쳐야 할 과제인지, 내일이나 이번 주 안으로 해도 괜찮은지 알려줍니다. 그러면 오늘 방과 후에 일이 있는 아이는 다른 여러 방법을 생각해서 문제를 해결할 수 있는 기회를 갖게 되는 것입니다.

앞의 이야기에서 안내장을 안 가져온 연희를 포함한 세 명의 아이들은 결국 남아서 안내장만 만들어 작성하고 가기로 했습니다. 방과 후 다른 일을 하다가 문득 교실을 둘러보니 두 명의 아이만 남아 안내장을 작성하고 있었습니다. 나머지 한 명인 연희는 남기로 약속해두고 결국 그 약속도 지키지 않은 것입니다. 벌써 며칠째 약속을 지키지 않고 있는 것인지 부글부글 화가 났지만 일단 마음을 차분하게 이성적으로 생각하기로 했습니다. 앞장에 이어 격려에 대한 이야기를 더 해보겠습니다.

격려의 다양한 방법

격려에는 다양한 방법이 있습니다. 있는 그대로 모습을 존중하는 격려, 학생의 능력을 믿어주는 격려, 결과보다는 과정을 바라보는 격려, 실수에서 배움으로 연결하는 격려, 협동과 도움을 유발하는 격려, 아이의 행동과 아이 자체를 구분하는 격려, 스스로 문제를 해결할 수 있다는 신뢰의 격려 등이 있습니다. 사실 격려에는 정해진 답이 없습니다. 그저 처음에 격려가 어렵고 거창해보여 시작조차 못하는 선생님을 위해 다양한 사례를 소개하는 것입니다. 교실 상황 속에서 더 많은 사례를 만들어 아이들을 계속 격려하는 노력을 해야 합니다.

1. 있는 그대로 모습을 존중하는 격려

아기가 태어나고 자라면서 공부를 잘해서, 운동을 잘해서, 효도를 잘해서가 아닌 그 존재 그대로 힘이 되고 그 존재 그대로 충분히 사랑스럽고 예쁩니다. 걸어보려고 한발 한발 내딛으면서 자꾸 넘어지는 모습도, 똥을 누려고 얼굴이 빨갛게 달아오르며 힘주는 모습도, 색연필을 손에 쥐고 낙서하는 모습도 모두 모두가 예쁩니다. 우리 반 아이들에게도 그런 '있는 그대로 모습으로 너는 충분히 좋다'라는 메시지로 교사의 믿음을 전달하여야 합니다. 우리 반 아이들도 누군가의 소중한 존재이며, 존재 자체로 사랑받는 아이들이기 때문입니다. 이런 선생님의 존중을 받은 아이는 자존감을 높이고 성장의 용기를 북돋는 데 큰 힘이 됩니다.

"너희들은 특별한 사람이야."

2. 학생의 능력을 믿어주는 격려

격려의 중요한 목적이 있다면 아이들이 스스로의 힘으로 성장할 수 있게 용기를 북돋아주는 것입니다. 스스로 성장하기 위한 능력을 믿어주면 그 힘이 충분히 발휘될 수 있습니다.

"너는 힘들어하지만, 우리는 네가 할 수 있을 거라고 믿어. 한번 도전해봐."

못할 것이라고 생각해서 도전조차 하지 않는 아이에게 할 수 있는 격려입니다. 만약 아이가 시도했지만 실패하더라도 시도하려는 용기를 또 격려할 수 있습니다. 이때 격려는 아이의 강점이나 예전 성취 경험을 근거로 구체적이면 더 좋습니다.

"저번 국어 시간에 어려운 낱말도 잘 읽었잖아. 저번처럼 천천히 읽어보면서 노력하면 이번에도 잘 읽을 수 있을거야."

혹시 아이들의 강점 찾기가 어렵다면 아이가 가진 부정적인 특징들을 관점을 바꿔 긍정적인 요소를 찾아보는 것도 좋습니다. 예를 들어 장난이 심한 아이는 함께하면 재미있는 아이로, 오지랖이 넓어 참견을 잘 하는 아이는 모든 친구들에게 관심이 많은 아이로, 고집이 쎈 아이는 주관이 뚜렷한 아이로, 자신의 물건을 잘 빌려주는 않는 아이는 자신의 물건을 잘 아끼는 아이로 바꾸어보면 강점을 찾을 수 있습니다.

3. 결과보다는 과정을 바라보는 격려

결과만 가지고 이야기를 하다보면 더 이상 할 이야기가 없는 아이들이 있습니다. 하지만 과정으로 이야기하면 아이들에게 할 수 있는 이야기들이 많이 있습니다. 과정 속에서 아이들의 노력하고 있는 모습이나 향상된 점을 찾아 격려해주는 것입니다.

"오늘 적극적으로 의견을 내고 모둠 친구들의 의견을 잘 들어주니 모둠 활동이 활발하게 이루어지는 것 같아."

4. 실수에서 배움으로 연결하는 격려

누구나 실수는 합니다. 실수를 두려워하여 도전하지 않는다면 어떤 성장도 이루어질 수 없겠지요. 아이들은 물론 선생님도 실수할 수 있다는 것을 알려주고 실수를 통해 성공한 사례들을 알려주며 함께 이야기해 나갑니다. 특히 선생님이 실수한 사례를 들려주면 아이들이 더 공감할 수 있습니다. 저는 미술 시간에 대표작품으로 보여줄 예시작품을 만들다가 실수한 작품도 버리지 않고 소개해줍니다.

"가위질을 잘못해서 여기를 잘라버렸더니 작품이 이렇게 나왔어요. 여러분은 어떻게 하면 좋을까요?"

"괜찮아요, 누구나 실수는 합니다. 이번 실수를 통해 앞으로는 어떻게 하면 좋을까요? 또는 무엇을 배울 수 있을까요?"

5. 협동과 도움을 유발하는 격려

또래 집단과 소속감을 중요하게 여기는 아이들이 다른 사람과 협동하고 공동체에 도움을 주는 것의 즐거움을 느끼게 하는 것도 격려의 중요한 목표입니다. 협동과 도움을 통해 소속감을 느끼고 자신의 존재가치도 확인할 수 있습니다.

"모둠 친구들끼리 힘을 합쳐 멋진 역할극을 만들었구나! 다른 친구들이 문제를 이해하는데 도움이 될거야."

"학급문고 정리하는 것을 도와주어서 고마워. 친구들이 책을 더 잘 볼 수 있겠어."

이 외에도 다양한 격려의 방법이 있을 수 있습니다.

6. 아이의 행동과 아이 자체를 구분하는 격려

"우리는 너를 좋아하지만, 지각하는 습관은 고쳐야 한다고 생각해."

7. 스스로 문제를 해결할 수 있다는 신뢰의 격려

"너는 분명히 이 문제를 해결할 수 있을거야. 혹시라도 도움이 필요하다면 언제라도 말하렴."

이렇게 다양한 격려 방법 중에 연희에게는 어떤 격려를 해주면 좋을까 생각해보았습니다. 다음 날 아침 헐레벌떡 학교에 뛰어온 연희는 곧장 저한테 왔습니다.

"선생님, 집에서 안내장을 찾아봤는데 아무리 찾아도 없어요."

그동안 그 많은 시간을 주었을 때는 안 찾아보고 이제야 안내장을 찾아보았나 봅니다. 약속을 지키지 않은 것에 대해서 아무 말도 없는 연희에게 화를 내볼까 싶다가 어제 격려하기로 마음 먹은 대로 실천하기로 했습니다. 뒤의 번호는 앞의 격려 방법에 해당하는 번호입니다.

"선생님과 친구들은 너를 소중한 아이로 좋아하지만, 어제 약속을 안 지킨 것은 친구들에게 사과해야 하지 않을까? 다른 두 명의 친구들은 약속을 지키고 갔는데 연희만 집에 가서 다들 서운해했거든."(6번)

"아, 어제 남기로 한거요? 집에 있을 것 같아서 찾아보러 집에 간건데…"

"그랬구나. 어제 안내장을 찾느라 한참을 고생했겠네~ 결국 못 찾아서 속상해서 어쩌나~ 그래도 찾아보려고 노력한 것은 잘 했어."(3번)

"죄송해요. 진작 찾아보고 잘 챙겼어야 했는데.."

"괜찮아. 누구나 실수는 해. 이번 일로 다음번에 어떻게 하면 좋을지 생각해보자." (4번)

"다음에는 안내장을 가방에 잘 챙겨 다음 날 바로 가져와야겠어요. 하루 이틀 미루다보니 아예 안내장을 찾을 수 없고 자꾸 까먹어요."

"좋은 생각인데~ 그런데 이번 일은 어떻게 할까? 연희라면 충분히 좋은 해결 방안을 생각할 수 있을 것 같은데~" (7번)

"오늘 점심 시간까지 안내장을 보고 예/아니오 표시해와도 될까요?"

"그래."

군이 화를 내지 않아도 충분히 문제 해결을 할 수 있습니다. 화를 내면 선생님의 감정표현만 격해지고 아이와 신뢰가 무너지는 결과밖에 얻는 게 없지요. 격려는 기술이 아니라 태도라는 것을 명심해야겠습니다. 이 대목에서 아들러 심리학의 격려 사례집1 『격려하는 선생님』에 나온 '격려의 거울'을 소개합니다. 이 선생님은 매일 아침 학생들과 마주하기 전에 격려의 거울에 자신을 비추어 보며 변해가는 자신을 발견하고 있다고 했습니다.

격려의 거울

☐ 결과가 아니라 노력이나 개선에 초점을 맞추고 있나요?

☐ 강점과 자산에 초점을 맞추고 있나요?

☐ 비난하는 대신 구성하고 학습하는 일에 초점을 맞추고 있나요?

☐ 행동과 행위자를 구분하고 있나요?

☐ 상호 존중을 실천하고 있나요?

☐ 의사 결정을 공유하고 있나요?

☐ 다름에 대해 개방적인가요?

☐ 민주주의와 평등성을 실천하고 있나요?

☐ 함께 참여해 협력할 용기를 가지고 있나요?

☐ 칭찬 대신 격려하고 있나요?

격려하기②

평소에 아이들과 함께 매일 격려할 수 있는 격려 방법을 소개합니다. 아침마다 아이들과 격려 카드를 뽑으며 저도 함께 한 장을 뽑는데 그 격려의 한마디로 위로받고 시작하는 하루가 되기도 합니다.

1. 격려의 말이 쓰인 카드를 우리 반 아이들 수만큼 준비합니다.
2. 아침에 학교에 오면 모두가 한 장씩 격려 카드를 뽑아 자기 이름이 쓰인 보드에 격려의 말이 보이게 꽂아둡니다.
3. 친구들의 감정을 살피며 자신이 뽑은 격려의 말이 필요한 친구에게 격려의 말을 해주고 카드를 뒤집습니다.

tip: 매일 자신의 카드에 있는 격려의 말이 필요한 상황이 아닐 때도 있습니다. 노력하였지만 못할 수도 있다는 것을 알려줍니다. 격려의 상황이 될 때 하면 됩니다.

격려 카드에 들어갈 수 있는 격려의 말들은 어떤 것이 있을까요?

- 너만 그런 게 아니란다.

- 누구나 어려움이 찾아온단다.

- 심심하면 언제든 이야기해, 내가 놀아줄게.

- 네가 뭘 잘해서 사랑하는 것이 아니라 너여서 사랑하는 거야.

- 같이 하자.

- 스스로 뿌듯하겠다. 그렇지?

- 나는 그래도 네편이야.

- 많이 힘들었지?

- 넌 소중한 사람이야.

 보너스잔소리

Q. 방학 때도 잔소리를 한다고요?

　　방학이 되면 학교에서 벗어나 신나게 놀 생각에 아이들은 신이 납니다. 저 역시 어린 시절 방학만 기다리던 생각이 나서 그 마음이 이해됩니다. 방학하면 일단 실컷 늦잠 자고, 실컷 텔레비전 보고, 실컷 놀기에 바쁩니다. 그러다보면 어느덧 한 달이 훌쩍 흘러 개학 날이 금세 다가오곤 했습니다. 그렇게 개학 날이 코앞에 와서야 방학을 헛되게 보냈다는 허무함과 후회가 밀려오곤 했습니다. 그제서야 부랴부랴 방학 숙제를 하느라 정신없기도 했죠.

　　그렇게 어른이 되고 선생님이 되어서야 우리 아이들은 그렇게 허무하게 보내지 않았으면 하는 마음에 방학식 날은 실컷 잔소리를 늘어놓으며 당부에 또 당부를 합니다. 하지만 역시 아무리 잔소리를 해도 개학 날 아이들의 풍경은 똑같습니다. 개학하기 며칠 전 겨우 방학 숙제를 시작하면 다행이고 그마저도 못 해온 아이들도 수두룩하지요. 방학을 후회없이 의미있게 잘 보냈냐는 질문엔 대부분 아이들은 쑥스러운 듯 웃음으로 때우기도 합니다.

정말 뜻깊은 방학을 보냈어요!

　　한번은 숙제를 하나도 안 해온 범준이에게 방학 동안 무엇을 했는지 물어본 적이 있습니다. 보나마나 실컷 늦잠 자고 노느라 그랬겠다 생각했었습니다. 하지만 돌아온 대답은 너무 멋진 경험 이야기였습니다.

범준이와 엄마는 방학 내내 한 달간의 긴 여행을 다녀왔답니다. 호화롭고 거창한 여행은 아니었습니다. 엄마와 둘이 손잡고 하는 시골 마을 여행이었습니다. 아버지는 시간을 내기 어려워서 함께하진 못하지만 늘 응원을 해주신다고 했습니다.

범준이와 엄마는 방학이 시작되면 바로 여행을 떠납니다. 버스를 타고 도시가 아닌 시골 마을을 이리저리 구경하며 여행을 합니다. 숙소를 정하지도 않고 한 마을에 찾아 들어가 이장님댁에 도움을 요청한다고 하였습니다. 작은 시골 마을들만 찾아다니며 이장님댁에서 잠을 자기도 하고 마을 주민들 집에서 잠을 자기도 합니다. 며칠 동안 마을에 머물며 동네 아이들과 어울리기도 하고 할머니 할아버지에게 도움 줄 일이 있으면 도와주기도 하며 지냅니다. 시골 인심이 좋아 맛있는 음식도 같이 나눠 먹고 서로 도움을 주고받으며 새로운 사람들을 만나는 경험을 하는 것입니다. 그렇게 또 다른 마을로 이동하면서 한 달을 지내다 다시 집으로 돌아옵니다. 숙박과 식사가 그렇게 해결되니 거의 돈이 들지 않고 오히려 시골 분들은 돈을 드린다고 하면 손사레를 치며 정색을 한다는 이야기를 전해 들었습니다.

이 이야기의 주인공이 대학생이 되었으니 이미 옛날 이야기가 되었습니다. 실은 요즘도 인심 좋은 시골이 많을 것이나 혹시나 불안한 것도 사실입니다. 당시에 범준이는 그해 여름부터 남동생도 함께 여행을 시작했다고 하였습니다. 그전까지 동생은 어려서 함께 여행을 못했는데 이번엔 셋이서 더 재미있는 추억을 만들고 왔다고 하였습니다. 저는 어머님의 용기와 멋진 교육관에 박수를 보내드리고 싶었습니다. 실은 그렇게 하는 여행이 편하지만은 않을 것입니다. 때로는 숙소를 못 구하고 쩔쩔맬 때도 있을 것이고 식사를 해결하지 못하거나, 인심이 나쁜 사람을 만나기도 했겠지요. 하지만 그로 인해 아이들이 경험하고 만나게 될 무한한 가능성은 무엇으로도 환산할 수 없을 것입니다. 앉아서 하는 공부가 아닌 체험으로 하는 공부는 평생 소중한 자산이 될 것입니다.

방학 동안 꼭 해야 할 일은?

범준이의 이야기를 들으며 방학 동안 방 안에만 갇혀 공부만 하는 것은 진짜 방학이 아니라는 생각이 들었습니다. 누구나 범준이 같은 경험을 하기는 쉽지 않겠지만 학기 중에 하지 못하는 다양한 체험을 방학 동안 할 수 있다면 좋겠다는 생각이 들었습니다. 그 이후로 제가 내주는 방학 과제는 단 세 가지로 압축되었습니다.

1. 여행하기

2. 독서하기

3. 부족한 부분 채우기

아이들의 반응이 어떠냐고요? 일단 아이들은 방학 숙제에 일기가 없다고 좋아합니다. 물론 자신의 경험을 글로 쓰고 생각과 느낌을 표현하는 것도 좋지만 그것보다는 되도록 직접적인 경험을 많이 해보았으면 좋겠다고 이야기해줍니다.

첫 번째, 부모님과 함께 학기 중에 가지 못했던 여행을 다녀옵니다. 스스로 여행지를 정하고 계획을 세우면 더 좋습니다. 여행을 거창하게 할 필요는 없습니다. 부모님이 바쁘셔서 자주 여행을 갈 수 없다면 친구 집에 가보는 것도 여행, 친척 집에 가보는 것도 다 여행이라고 하였습니다. 우리 집, 우리 동네이지만 평소에 가보지 못했던 도서관, 식당, 영화관, 서점, 분식집, 문구사 등도 전부 여행입니다. 새로운 곳을 가보고 체험해보라고 하였습니다. 이미 가본 곳을 새로운 관점으로 관찰해 보는 것도 좋습니다.

두 번째, 그렇게 직접 체험이 어려우면 가보고 싶은 곳을 골라 인터넷으로 검색해보는 것도 좋고, 서점이나 도서관에 가서 독서를 통한 간접 체험도 좋습니다. 평소에 학교가랴, 학원가랴 바쁜 아이들이 조금이

나마 눈을 열고 세상을 체험했으면 좋겠습니다.

세 번째, 하루에 30분씩만 꾸준히 부족한 부분을 채우면 다시 새로운 학기가 시작하였을 때 부담스럽지 않을 수 있습니다. 평소에 운동이 부족했으면 운동을 하고, 수학과 같은 교과목 공부에 뒤처졌다면 수학 공부를 하고 악기를 배우고 싶은 친구는 악기를 배우며 꾸준히 자기 계발을 합니다.

아이들에게 이렇게 세 가지 숙제를 내주며 잘할 수 있겠냐고 물어보면 이 정도는 할 수 있다고 자신만만하게 인사하며 방학을 맞이합니다. 개학 날 많은 숙제를 낑낑대고 들고 오는 대신, 재미있는 기억들을 가득 안고 새로운 학기를 즐겁게 시작할 수 있으면 좋겠습니다.

04. 이 잔소리만은 안 하고 싶습니다

"교육은 그대의 머리 속에 씨앗을 심어주는 것이 아니라, 그대의 씨앗들이 자라나게 해준다."
- 칼릴 지브란(작가)

George Glaugen
Little Flowers of the Field, 1893

01_역지사지하기

왜 너밖에 모르니?

오늘은 하루종일 소라에게 대꾸해주느라 너무 지쳤습니다.

아침에 등교하며 소라는 선생님을 보고 인사를 했습니다. 선생님은 몇몇 아이들과 이야기를 하느라 소라가 등교하는 모습을 보지 못했습니다. 한창 중요한 이야기 중인데 소라가 친구들을 제치며 "선생님, 안녕하세요" 인사하며 이야기의 흐름을 끊습니다.

수업이 시작되고 아이들 서너명의 발표가 이어졌습니다. 소라가 "저요! 저요!" 소리치며 발표하고 싶어 해서 선생님은 바른 자세로 손을 들면 발표를 할 수 있다고 안내해주었습니다. 결국 발표를 하지 못한 소라는 선생님은 자기만 발표 안 시켜준다며 큰 소리로 툴툴거렸습니다.

쉬는 시간엔 친구들과 게임을 하다가 졌다면서 재미없어서 게임하기 싫다고 분위기를 가라앉게 만듭니다. 다음 수업을 위해 학습교구를 챙길 때 자기가 원하는 색깔을 앞장서 차지합니다. 점심 시간엔 큰 소리로 떠들다가 앞자리 친구의 목소리가 커지니 자기 목소리가 안 들린다며 친구에게 조용히 하라고 소리칩니다. 청소 시간엔 쓰레기통이나 분리수거 같은 하기 싫은 일은 절대 안 맡습니다. 이렇게 모든 일을 자기 하고 싶은 대로 하는 소라에게 한마디 합니다.

"왜 너밖에 모르니?"

아이들이 다른 사람의 입장을 생각한다는 것은 쉬운 일이 아닙니다. 친구들끼리 이야기하다가도, 선생님과 이야기하다가도 자기의 입장만 생각하고 이기적으로 행동하는 아이들이 많습니다. 친구와 싸운 후에도 자기 입장만 이야기하며 무조건 친구가 잘못했다고 하기도 합니다. 저 역시도 그럴 때가 있습니다. 내 입장만 생각하며 순간 화를 내고 한참 뒤에 뒤돌아보면 '상대방이 당황스러웠겠다, 내가 왜 그랬을까' 하는 생각이 들 때가 많이 있습니다. 매 순간 역지사지의 마음으로 행동하기란 참으로 쉽지 않은 일입니다.

먹는 것 앞에서 이기적인 아이들

특히 먹을 것 앞에서 다른 사람을 생각하는 것은 아이들에게 더 어려운 일일 수 있습니다. 사제동행 프로그램의 일환으로 근처 숲

걷기를 하던 날의 일입니다. 학교 주변에 산이 있어 함께 등산하기 좋았습니다. 하교 후 우리 반 아이들은 간단한 간식을 챙겨 밖으로 나갔습니다. 바람도 선선하니 기분이 좋았습니다. 친한 친구들끼리 삼삼오오 모여 이야기를 하며 걸어갔습니다. 얼마쯤 걸어 중간 휴게장소에 도착했습니다. 한 시간도 채 걷지 않았지만 슬슬 배가 고파졌습니다. 급하게 나오느라 간식을 챙겨오지 못한 저는 아이들이 먹는 것만 보고 있어야 했습니다. 커다란 초콜릿을 가져왔다고 자랑하던 아이가 구석으로 가서는 조용히 초콜릿 포장지를 뜯어 혼자 한입에 먹고 있었습니다. 다른 친구들이 한입만 달라고 해도 소용이 없었습니다.

그때 한 아이가 엄마가 만들어주셨다며 쿠키 봉지를 꺼냈습니다. 우리 반 학생 수만큼 쿠키가 들어 있다고 했습니다. 마침 잘됐다 하고 아이들이 나누어 먹는 모습을 바라보고 있었습니다. 우리 반 아이들이 25명이라고 하니 아이 엄마가 25개의 쿠키를 포장해서 보낸 것이었습니다. 미처 선생님 것을 생각하지 못했나 보다 하고 아쉬워하고 있는데 한 명이 결석한 사실이 생각났습니다. 그럼 다 같이 먹을 수 있겠구나 생각하고 있는데 쿠키를 가져온 아이가 아이들에게 하나씩 나누어 주고는 자신은 두 개를 먹는 것이었습니다. 왜 선생님 것은 없는지 물어보는 아이가 아무도 없었습니다. 모두들 자기만 먹느라 바빴습니다. 차마 '선생님 것은 없니?' 물어보기가 왠지 민망해져 먼 산만 바라보고 있었습니다.

실은 배가 고플 아이들을 생각해 저녁 대용으로 김밥을 챙겨갔습니다. 반환점을 돌고 나와 넓은 공터에서 김밥을 꺼내 하나씩 나누어 주었습니다. 초콜릿을 혼자 몰래 먹던 아이도, 쿠키 간식을 두 개 먹은 아이도 김밥을 받아가면서 고맙다는 말도 없이 맛있게 먹습니다. 김밥이 더 없냐며 빈 박스 주변을 서성이는 아이의 모습을 보며 다른 사람을 생각한다는 것이 참 어렵다는 것을 다시 한번 느꼈습니다.

존중하는 마음

공동체 생활을 하다 보면 양보해야 할 때가 있고 하기 싫은 일도 해야 할 때가 있습니다. 나만 생각하지 않고 다른 사람은 어떤지 그 사람의 입장에서 생각해보아야 합니다. 모두가 함께하는 마음을 지니려면 일단 상대방을 존중하려고 노력해야 합니다. 존중하는 마음이 있으면 상대방을 함부로 대하지 않게 됩니다. 이처럼 학급에서는 아이들을 존중하고 그 아이들이 어떤 생각을 지니고 있는지, 어떻게 생활하는지, 어떤 문화를 지니고 있는지 더 이해하려 노력하고 그 속으로 들어가 보아야 합니다.

적절한 관계에 필요한 기본 전제 조건은 상대방의 기분을 이해하며 존중을 표현하고자 하는 자세입니다. 존중이 있다면 서로가 협력하고 상대방의 요구에 민감하며 서로 가치 있는 존재라는 것을 느끼게 됩니다. 존중은 아주 중요한 요소입니다.

우리나라에 아들러 심리학 열풍이 일게 한 책『미움받을 용기』에서는 교육의 입구는 단 하나, '존중'밖에 없다고 말합니다. 다른 누구도 아닌 아이들을 존중하라는 것입니다. 아이들을 있는 모습 그대로 보고, 그 아이답게 성장하고 발전할 수 있게 배려하라는 것입니다. 하지만 선생님으로서, 어른으로서, 나보다 배워야할 것이 많고 나이도 어린 아이들을 존중하는 것은 쉬운 일이 아니며, 그렇게 마음먹는 것조차 어려울 때가 많습니다. 어떤 선생님은 이상하게 생각할 수도 있을 것 같습니다. 아이들이 선생님을 존중하라는 것이 아니라 선생님이 아이들을 존중하라니 말입니다. 그러나 선생님이 아이들을 존중하면 아이들이 선생님을 존중하는 마음은 저절로 따라오기 마련입니다.

  어느 월요일 아침이었습니다. 오전 내내 옆 반 선생님의 얼굴을 보기가 힘들었습니다. 아침 시간엔 아이들이 조용히 책을 읽고 있길래 선생님이 계신가 하며 지나갔습니다. 옆 반 선생님은 중간 놀이 시간에 교재연구실의 선생님들 회의에도 참석하지 않으셨습니다. 교실로 전화를 걸었더니 아이들이 받아 선생님이 안 계신다 하여 바쁘신가보다 했습니다. 점심 시간쯤 되어서야 점심 먹으러 가도 되냐는 옆 반 아이의 질문에 이게 무슨 일인가 생각했습니다. 알고 보니 선생님께서 아침부터 학교에 출근을 하지 않으신 것입니다. 옆 반 아이들은 선생님이 안 계셔도 평소대로 책을 읽었으며, 수업 시간이 되면 반장이 나와서 같이 교과서를 읽었고, 쉬는 시간이면 화장실을 갔습니다. 그리고 전화가 오면 선생님이 안 계신다는 말만 전했던 것입니다. 그제서야 부랴부랴 선생님께 무슨 일이 있나 연락하고 학교가 발칵 뒤집힌 일이 있었습니다. (선생님께서는 주말 부부였는데 주말 동안 아기가 있는 다른 지역에 다녀오며 운전하랴, 아기 보랴 잠이 너무 부족했는데 밤 늦게 집에 와서 주무시다가 점심까지 깨어나지 못했던 비하인드 스토리가 있었습니다.) 당시 저는 신규교사였는데 그날 옆 반 아이들의 태도가 참 신기했습니다. 아이들 말로는 그 반 담임선생님은 교탁에 있는 종 한번 치지 않는다고 하였습니다. 아이들을 통제하려고 하지 않고 늘 존중해주신다는 아이들의 말을 들으며 느끼는 것이 많았습니다. 굳이 통제하지 않아도 선생님이 없는 시간이 이렇게 질서 있게 유지될 수 있구나 하고 감동받았습니다. 그때 처음 존중에 대해 생각하게 되었습니다.

그래도 존중이 어렵게 느껴지는 선생님들께 아이들 속으로 들어가 보라고 권하고 싶습니다. 쉬는 시간에 보드게임 등 아이들의 놀이에 참여해보는 것도 좋습니다. 때로는 아이들이 하는 놀이가 유치하다고 생각될 때도 있지만 동등한 인간 대 인간으로 아이들이 어떤 생각을 하는지 그 문화에 젖어 들어보는 것도 좋은 방법입니다.

사회적 관심 향상시키기

역지사지의 마음을 길러주기 위해서 사회적 관심을 향상시키는 방법이 있습니다. 사회적 관심을 높여주면 더 협력적인 분위기 속에서 공동체를 위하며 조화롭게 생활할 수 있습니다. 학급에서 쉽게 할 수 있는 사회적 관심의 향상은 학급의 아이들에게 관심을 갖게 하는 것입니다. 다른 사람이나 학급 공동체에 공헌할 기회를 주는 것입니다. 작은 봉사활동이라도 참여하며 공헌의 기쁨을 느낀다면 더 효과적입니다. 우리 학급에서 실시했던 다양한 방법들 중에 몇 가지를 소개합니다.

1. 친구들의 멘토가 되어봅니다!

내가 못하는 것을 자신 있게 드러내며 도움을 요청하는 아이는 거의 없습니다. 못한다는 걸 들키는 게 두렵고, 도움받는 것이 익숙하지 않기 때문입니다. 그럴 때 서로 도움주고 도움받는 것이 부끄럽지 않은 학급 분위기를 만들어주면 좋습니다. 모르는 채로 넘어가는 것이 얼마나 어리석은 일인지 깨닫게 해주는 것입니다. 모르거나 못하는 것이 부끄러운 일이 아니고 그런 부분을 보완해가며 배우는 곳이 학교라는 걸 아이들이 알아야 합니다.

모든 아이가 다 잘하기만 하는 것도 아니고, 모든 분야에서 못하기만 하는 아이도 없습니다. 어떤 활동에서는 멘토가 되어 멘티를 도와주기도 하고, 다른 활동에서는 멘티가 되어 멘토의 도움을 받습니다. 아이들은 자신의 작은 도움이 친구에게 큰 힘이 된다는 것을 알고 보람을 느끼면 내적 동기를 충분히 달성합니다.

우리 반의 경우 수학 멘토 요청이 가장 많았지만 이 외에도 리코더 연습 멘토, 일기 쓰기 멘토, 정리정돈 멘토, 전과목 멘토, 혹은 쉬는 시간에 친구가 되어주는 멘토까지 생활과 학습의 여러 분야에서 다양한 멘토를 요청할 수 있습니다. 멘토 신청을 받아 두 주 정도 멘토–멘티 활동을 진행하고 소감을 들어본 후 새로운 멘토–멘티를 짝지어 줍니다. 3월 초에는 선생님의 추천으로 두세 팀이 진행되다가 2학기쯤 되면 대부분의 아이들이 멘토 또는 멘티가 되어 활발하게 상호작용하며 도움을 주고받는 모습을 볼 수 있었습니다. 수학 시간의 경우 수학 멘토가 5~6명 정도 되다보니 문제풀이 시간이 되면 다들 멘티 자리로 이동하여 열정으로 가르치고 있는 꼬마수학선생님들의 모습을 볼 수 있습니다.

어느 반이나 수학을 어려워하는 아이들이 많습니다. 선생님 혼자서는 수학 수업 시간에 아이들을 전부 이끌고 가기가 벅차지요. 꼬마수학선생님 활동을 아이들에게 설명할 때 이 역할은 봉사의 의미도 있지만 가르치면서 더 많이 배우게 되어 본인에게도 많은 공부가 될 수 있다는 점을 내세웠습니다. 특히 공부는 잘하지만 다른 아이들을 함부로 대하는 아이들에게 효과적인 활동이 됩니다. 수학을 어려워하는 아이도, 봉사하는 아이도 모두 좋은 변화를 가져오게 됩니다.

우리 반 수인이는 공부를 잘하는 아이입니다. 수학은 거의 100점 맞지만 가끔 실수할 때도 있습니다. 수학 시간에 수인이는 선생님이 진행하는 활동에 거의 참여하지 않습니다. 이미 알고 있고 더 이상 배울 것이 없다고 생각하기 때문입니다. 수학 익힘책을 풀 때도 순식간에 답을 적어두고 혼자 책을 꺼내 독서를 합니다. 그런 수인이에게 꼬마수학선생님 멘토활동을 제안했습니다. 처음에는 싫다며 자신이 없다고 하더니 선생님의 부탁에 마지못해 시작했습니다. 수인이와 짝꿍이 된 아이는 활발하면서 재미있는 말을 잘 하고 주변에 친구도 많았지만 수학 계산이 느리고 자주 실수를 하는 아이였습니다. 수학 시간이 되면 늘 자기 할 일 하고 독서를 하며 수업에 관심이 없던 수인이가 이제는 짝꿍을 도와주며 어떻게 설명하면 더 쉽게 이해시킬지 고민도 하기 시작했습니다. 그렇게 다른 사람의 입장을 생각하게 된 수인이는 자신에게는 쉬운 문제를 끙끙대며 푸는 짝꿍에게 똑같은 문제를 몇 번이고 다시 설명해주고 실수하지 않는 방법도 알려주었습니다. 덕분에 수인이도 문제를 더 정확히 이해하게 되고 짝꿍과도 친해져서 친구도 더 많이 생기게 되었습니다.

2. 채점 도우미를 모집합니다!

교과서의 매 단원이 끝나면 단원평가나 수행평가 같은 학습지를 채점하게 됩니다. 선생님이 혼자 채점해도 되지만 우리 반은 채점 도우미를 모집합니다. 조건은 그 단원 공부를 열심히 하여 자신감이 있는 아이, 문제를 빨리 풀어 제출하는 아이, 다른 친구의 시험지를 성의껏 점수 매길 수 있는 아이입니다. 성적 상위권 아이들 중에는 자기 시험지 외에 다른 사람의 시험지에 관심이 없거나 자신의 시간을 투자해 남에게 도움을 주는 것을 좋아하지 않는 경우가 많습니다. 도우미가 되면 자유 시간을 가질 수 없게 되기 때문입니다. 처음에 이 역할은 다른 친구들 점수에 관심이 많은 아이들, 관심받고 싶어 하는 아이들이 지원했습니다. 지원자의 시험지를 선생님이 직접 채점해 일정 점수 이상에 도달해야만 도우미로 선정될 수 있기 때문에 과목마다 도우미가 자주 바뀌었습니다. 채점 도우미를 모집하기 전에 몇몇 아이들에게 지나가는 말로 슬쩍 눈치를 주기도 하였습니다.

"우혁이는 문제를 잘 풀고 빨리 푸니까 도우미로 지원해도 좋겠다. 다른 아이들의 문제를 채점하면서 다른 아이들이 어려워하는 부분이 무엇인지 확인해보면 우혁이에게도 좋은 경험이 될거야."

처음에는 다른 사람에게 별로 관심이 없던 아이들이 끊임없는 선생님의 구애에 한두 번 채점 도우미를 시작하더니 그 다음부터는 도우미 역할을 자처해서 맡으려 하였습니다. 작은 일이지만 우리 반 아이들이 조금씩 다른 사람에게 관심을 갖는 것에 한 발자국 다가선 것 같아 기뻤습니다.

3. 학급운영비서를 모집합니다!

매달 한 명을 학급운영비서로 뽑습니다. 선생님 심부름도 해주고, 수업 전에 학습 준비물 가져오고, 학급의 여러 힘든 일을 돕는 학급운영비서는 주로 쉬는 시간에 활동합니다. 친구들에게 안내장을 나누어 주거나 걷기도 하고, 학습지를 모아 선생님께 가져다 주기도 하며, 음악시간에 필요한 악기나 체육시간에 필요한 운동 교구를 설치하고 정리정돈합니다. 이 활동은 특히 문제행동을 많이 하는 아이들에게 효과적이었습니다. 선생님 일을 돕는 역할을 맡은 것만으로도 어깨가 으쓱하고 심부름을 하다 보면 문제를 일으킬 짬이 없습니다. 자신의 힘을 긍정적으로 쓸 수 있는 역할이었기에 "선생님 도와줄 사람?" 한마디에 우리 반 아이들은 다들 손을 번쩍 들며 "저요! 저요!" 합니다.

4. 격려하는 시간을 갖습니다!

우리 반은 매주 서로 격려하는 시간을 갖습니다. 친구들을 서로 격려하려면 모두를 관찰하여야 합니다. 일주일 동안 친구들을 잘 살펴보며 격려할거리를 찾아와 이야기합니다. 서로를 관찰하다보면 아무렇지도 않게 지나칠 문제들도 서로 관심을 갖고 지켜보게 됩니다. 서로에게 관심을 갖는 것이 상대방의 입장에서 생각할 수 있는 기본이 됩니다. 격려하는 방법은 5부 집단토의 1단계 〈격려와 감사하기〉를 참고하세요.

5. 모둠 활동의 역할을 줍니다!

학급 전체에 관심을 갖기 어렵다면 모둠 친구들에게 관심을 먼저 갖게 합니다. 모둠의 역할을 나누어 줍니다. 보통 이끔이, 점검이, 수학박사, 나눔이, 기쁨이 등입니다. 나 혼자만 잘한다고 잘되는 것이 아니라 서로 격려하고 함께 나아가야 잘되는 원리를 이해하게 합니다. 어떤 문제든 서로 상의하고 문제를 해결해 나가면서 서로 참여하게 이끌어주고(이끔이), 잘 하고 있는지 점검해주고(점검이), 수학시간에 도움을 주고(꼬마수학선생님은 1:1 전담 마크라면 수학박사는 모둠 전체를 도와주는 역할입니다), 안내장이나 모둠 준비물 등을 나누어주고 정리하며(나눔이), 모두가 잘하고 있다고 격려하고 분위기 메이커(기쁨이) 역할을 합니다.

6. 집단토의를 합니다!

모둠활동에서 더 나아가 서로의 문제에 관심을 가지고 공동의 사고를 할 수 있는 집단토의를 진행합니다. 다른 사람의 문제라고만 생각하는 것이 아니라 우리반 친구의 일을 내가 같이 고민해주고 걱정해주면서 같이 문제를 해결해나갑니다. (5부 집단토의를 참고하세요.)

사회적 관심을 끌어올려 아이들이 서로 협동하고, 자신의 작은 행동으로 다른 사람들에게 도움이 되는 모습을 보며 모두가 긍정적으로 변화되기도 합니다. 내 입장만 생각하는 것이 아닌 다른 사람들은 어떤 생각을 하는지 어떤 처지에 놓여 있는지 먼저 생각할 수 있다면 문제행동은 거의 나타나지 않을 것입니다. 앞 사례 외에도 다양한 사회적 관심을 끌어올릴 아이디어를 적용해보시기 바랍니다.

Q. 학부모님과 어떻게 관계를 맺을까요?

퇴근했는데 민서 어머님으로부터 전화가 왔습니다. 무슨 일인가 싶어 놀란 마음으로 전화를 받았습니다.

"선생님, 안녕하세요. 혹시 지금 교실에 들어갈 수 있을까요?"

"무슨 일인가요?"

"민서가 오늘 숙제가 있다는데 수학 익힘책을 안 가져왔대요."

평소 착실한 민서가 무슨 일로 책을 다 안 챙겼을까요. 하지만 선생님도 없는 교실에 아이들끼리 있다가 사고라도 날까 염려돼 아이들에게 열쇠를 맡기지 않고 있었습니다. 시간이 늦기도 하였습니다.

"어머님, 괜찮아요, 오늘 안 챙겨서 숙제를 못 하면 다음부터는 잘 챙기려고 노력할 거예요. 내일 아침에 일찍 와서 숙제하라고 해주세요."

별일이 아니라고 생각해서 대수롭지 않게 이야기를 했는데 어머님의 생각은 달랐습니다.

"민서가 숙제를 못한다고 울고불고 난리인데 괜찮다네요. 그게 선생님이 생각하는 교육인가요?"

그때부터 어머님은 선생님이 숙제를 못하게 한다고 계속 화를 내시며 무슨 일이 생겨도 괜찮으니 학교 열쇠가 있는 곳을 가르쳐 달라고 소리를 질렀습니다. 무척 당황스러웠습니다.

저는 아이들에게 자신의 선택과 행동에 대해 항상 책임을 져야 한다고 가르칩니다. 교실에 둔 물건을 가져오고 싶어도 문이 잠겨 있으면 들어올 수 없으니 미리 잘 챙기라고 이야기하였습니다. 민서는 숙제를 못하면 다음 날 남게 된다거나 친구들에게 숙제를 못 했다는 이야기를 하기가 부끄러웠을지도 모르겠습니다.

교실 열쇠를 빌려주는 게 어려운 건 아닙니다. 하지만 당시 교실에 혼자 있다가 성희롱을 당한 아이들에 관한 뉴스가 나와서 그즈음 더욱 문단속을 철저히 하던 시기였기도 했습니다. 물론 민서가 부모님과 함께 왔다면 문제될 것도 없었겠지요. 이러한 이야기를 하며 이번 일로 민서는 앞으로 교과서를 잘 챙기는 것을 배울 수 있을 것이라고 했지만 민서 어머니는 제 이야기를 듣지 않으셨습니다. 숙제를 안 해왔다고 혼이 나는 것도 아닌데 왜 그렇게 화를 내는지 잘 이해가 안 갔습니다. 결국 열쇠 있는 곳을 알려드렸지만 어쩐지 어머님은 민서에게 그냥 집으로 돌아오라고 하셨습니다. 다음 날 아침, 민서는 아침 일찍 학교에 와서 수학 숙제를 하고 있었습니다.

생각이 다른 선생님과 학부모님

모든 사람의 의견이 다 같을 수는 없습니다. 선생님의 교육철학이 모든 학부모님들에게 만족을 줄 수도 없습니다. 나름 최선을 다해 아이들을 교육하지만 때로는 선생님의 생각과 학부모님의 생각이 충돌이 있을 때도 있습니다. 보통은 새 학년 초에 선생님의 교육철학과 앞으로의 교육방법에 대해 충분히 설명해주기도 하고 안내장도 배부하지만 아이들을 1년간 맡기는 학부모님 입장에서 여전히 부족함을 느끼는 것도 사실입니다. 모든 것을 선생님께 믿고 맡기는 학부모님도 많으나 사소하게는 일기검사를 어떻게 할 것인지, 학급의 규칙은 어떻게 할 것인지, 지각하거나 숙제를 안 하면 어떻게 할 것인지, 수업은 어떻게 진행되는지 하나부터 열까지 관심이 많은 학부모님들도 있습니다.

심지어 3월에 학부모 상담을 와서 교실을 구석구석 살펴보며 이것은 무엇인지, 저것은 어떻게 할 것인지 질문을 하더니 일기검사는 일주일에 두 번씩 해라, 숙제는 이렇게 내줘라, 하며 구체적인 지침까지 알려주고 가시는 분도 있었습니다. 또 어떤 학부모님은 아이가 학교에 다녀오면 학교에서 있었던 일을 쭉 적어두었다가 엄마에게 아침 시간부터 수업 시간, 쉬는 시간까지 모든 일을 전부 전하게 하였습니다. 그분과 통화를 하면 마치 교실에 쭉 같이 있었던 사람처럼 모든 일을 알고 계시고 왜 이런 일은 안내를 안 했는지, 왜 자꾸 교과 담임선생님이 바뀌는지, 저번 일은 어떻게 처리할 것인지 물었습니다. 어떤 학부모님은 아이 옷에 녹음기를 넣고 바느질로 숨겨 아이를 학교에 보냈습니다. 아이 옷이 뭉툭하게 튀어나온 것이 이상해 살펴보다 녹음기를 발견했습니다. 학부모님은 그냥 아이 생활이 궁금해서 그랬다는 이야기뿐이었습니다.

저 역시 학부모로서 아이의 학교 생활이 궁금하고 선생님이 어떻게 교육할지가 최대의 관심사인 것을 이해합니다. 특히 선생님의 입장일 때 아무렇지도 않던 일들이 학부모가 되니 거슬리는 일들이 되는 신기한 일도 여럿 경험했습니다. 어떻게 하면 학부모님에게 선생님에 대한 믿음과 신뢰를 얻어 우리 아이들을 잘 지도할 수 있을까요?

전문가로서 선생님의 모습을 소개하기

새 학년이 시작되면 학부모 총회를 합니다. 학부모님들이 모이면 학급 교육과정을 설명하기 전에 선생님을 소개합니다. 전문가로서 선생님의 모습을 알려주고 아이들을 믿고 맡길 수 있는 믿음을 심어주면 좋습니다. 선생님의 경력을 최대한 많이 소개해줍니다. 우리 선생님이 이런 분이시구나 하고 느낄 수 있으면 좋습니다. 학위나 자격증이 아니어도 상관없습니다. 선생님이 관심을 갖고 공부하고 있는 내용을 들려주며 선생님의 전문성을 드러내면 됩니다. 자격증은 원격연수만을 통해서 받을 수 있는 것도 많으므로 연수를 잘 찾아 활용해보는 것도 좋습니다.

선생님의 교육철학 안내하기

학부모 총회에 안 오신 분들을 위해 선생님의 교육철학에 관한 안내장을 한 장 만들어 새 학년 초에 배부합니다. 선생님이 특별히 중요하게 생각하는 것, 우리 반 규칙을 정하는 방법, 아이들이 어떻게 공부하고 생활할 것인지에 관한 내용이 드러나게 안내하면 학부모님들의 궁금증이 많이 해소됩니다.

평소에 연락하기

선생님으로부터 전화벨이 울리면 엄마들은 순간 놀라는 마음이 큽니다. 혹시 우리 아이가 무슨 잘못을 했는지, 다쳤는지 하는 부정적인 생각부터 듭니다. 평소에도 잘한 행동을 기록해두었다가 문자메시지로 보내거나 아주 잘한 행동이 있을 때는 전화통화를 해주면 선생님의 연락에 당황하지 않을 것입니다. 선생님에 대한 신임도 올라갑니다.

아이들의 일을 꾸준히 기록하기

학부모님들은 많은 아이들 중에 선생님이 우리 아이를 관심 있게 지켜보는지 궁금하기도 합니다. 새 학년 초 학부모 상담 시간에 아이와의 다양한 일화를 이야기했더니 선생님의 관심을 느끼고 안심하는 모습을 볼 수 있었습니다. 평소에 있었던 사소한 일이라도 적어두었다가 들려주면 학부모님들에게 좋은 인상을 줄 수 있습니다.

학부모님의 교육철학도 인정하기

선생님과 교육하는 방법이 다르다고 틀린 것은 아닙니다. 각자의 교육 방법을 이해하고 서로 존중해주며 아이가 두 방법 속에서 조화를 이룰 수 있도록 돕는 것이 중요합니다.

02_승부욕 다스리기

질 때도 있지!

체육 시간, 우리 학년 전체가 피구시합을 하기로 했습니다. 반별 대항 피구전에 신이 난 우리 반 아이들은 신나게 강당으로 갔습니다. 가기 전에 선생님은 아이들에게 여러 번 다짐받았습니다.

"시합에 질 수도 있어요. 항상 이길 수는 없어요. 제일 중요한 것은 끝까지 최선을 다하는 거예요. 즐겁게 하고 옵시다!"

"네!"

갈 때는 신이 나서 갔는데 막상 친구들과 함께 피구를 하다 보니 이기고 싶은 승부욕이 생기는 것은 당연합니다. 더군다나 우리 반은 운동을 좋아하고 잘하는 학생이 많은 터라 기대도 컸지요. 경기가 시작되었습니다. 공이 이쪽저쪽으로 날아다닙니다. 재빨리 몸을 움직이지 않으면 어느새 공이 내 눈앞에 와 있을 정도로 공이 속도가 붙었습니다. 아이들 눈이 이글이글 불타오릅니다.

잠시도 쉴 틈 없이 공을 받자마자 쌩쌩 던집니다. 퍽퍽, 공에 맞은 아이들은 수비로 나가 또다시 전의를 다집니다. 친구들의 응원 소리가 강당에 소리 높여 퍼져 나갑니다. 마지막 수비로 한 아이가 남아 있고 상대편도 한 명만 남아 있는 마지막 1분. 손에 땀을 쥐며 공을 던지던 우리 반 공격수가 반칙을 하고 말았습니다. 선을 밟은 것입니다. 마지막 공격을 상대편에게 뺏긴 우리 반 아이들은 끝까지 최선을 다했지만 아쉽게 지고 말았습니다.

"야! 네가 선만 안 밟았어도 우리가 이길 수 있었는데!"

"선생님이 심판을 우리한테만 너무 엄격하게 했어요. 저쪽 반도 얼마나 선을 많이 밟았는데!"

"이건 말도 안돼요!"

승부욕이 강한 민재와 승민이가 씩씩대며 소리쳤습니다. 다른 아이들도 괜히 민재와 승민이의 말을 듣고 분위기가 다운되었습니다.

"질 때도 있지!"

시작 전에 그렇게 즐기면서 하자고 다짐을 받아도 몇몇 아이들은 경기를 하는 동안 불타오르는 승부욕을 어쩌지 못합니다. 물론 승부가 걸려 있는 일에 열심히 참여해서 이기는 것도 참 좋을 것입니다. 하지만 매일 이길 수 있는 것도 아니고, 질 때도 있어야 이길 때 기분이 더 좋겠지요. 하지만 걱정되는 것은 실수한 아이에 대한 비난입니다. 열심히 참여했는데 잘하지 못한다고, 실수했다고 네 잘못이라고 구박한다면 열심히 했던 친구의 노력은 다 사라지고 주눅만 잔뜩 들어 다시는 참여하고 싶지 않을 것입니다.

경기에 지고 씩씩대며 교실로 돌아온 아이들 중 몇몇은 억울하다 소리를 지르고, 눈물을 보이기도 했습니다. 교실로 돌아온 아이들에게 어떤 이야기를 할까 고민하다가 조용히 음악 한 곡을 틀어주었습니다. 오늘도 수고했고 언제나 당신을 응원한다는 노래였습니다. 3분 정도 가만히 음악을 듣고 나서 혹시 하고 싶은 이야기가 있는 사람 있냐고 물었습니다. 몇 명이 손을 들어 이야기를 했습니다.

"흥분해서 소리 질러서 선생님께 죄송했습니다."

"아까 친구한테 못한다고 욕해서 미안해요."

"져도 괜찮다고 해놓고 무조건 이기려고만 했어요."

"제가 금만 안 밟았어도 좋았을텐데 친구들한테 미안하고, 다음번에는 더 잘 해보면 좋을 것 같아요."

굳이 잔소리가 필요 없는 날이었습니다. 가끔은 많은 말을 하는 것보다 음악이 마음을 울리는 경우가 많은 것 같습니다. 몇 가지 좋은 주제로 음악을 생각하고 있다가 이렇게 한번씩 들려주면 좋습니다.

목소리 큰 아이를 선생님 편으로

승부욕이 큰 경쟁적인 아이들이라고 해서 실수에 다 예민한 것은 아닙니다. 똑같은 실수를 하더라도 경기에서 지게 되면 그 아이의 잘잘못을 따지며 친구들 앞에서 무안을 주지만, 경기에서 이기게 되면 그런 실수는 괜찮다고 관대하게 나오기도 합니다. 이 아이들이 경기 결과에 상관없이 경기 자체를 즐기게 되면 어떨까요? 경기에서는 최선을 다하지만 지더라도 모두가 즐겁게 경기했다면 다음번 경기에서 더 노력하고 기대하게 되겠지요. 학급의 분위기를 경쟁보다는 협력적으로 만드려면 목소리 크고 운동을 잘하는 승부욕 많은 아이들의 역할이 큽니다.

우리 반에는 운동도 잘하고 승부욕도 강하며, 목소리도 커서 학급의 분위기를 좌우하는 두 명의 아이, 민재와 승민이가 있었습니다. 학기 초에 몇 번의 체육 시간을 가져보니 체육 시간의 분위기가 험악해지고 심지어 다치는 아이까지 생겼습니다. 여학생들은 남학생들과 함께 게임을 하고 싶어 하지 않았습니다. 공을 던지는 게임을 하다보면 너무 무서워서 못 하겠다는 이야기가 나올 정도였습니다.

한번은 여학생도 즐겁게 참여할 수 있도록 남학생과 여학생이 함께할 수 있는 색다른 피구를 진행해보았습니다. 여학생은 남녀 모두를 맞출 수 있고, 남학생은 남학생만 맞출 수 있도록 게임 규칙을 변경한 것입니다. 우리 편이 이기려면 남학생은 같은 편 여학생에게 공을 패스해서 상대편 여학생을 아웃시키는 방법을 활용하면 됩니다. 또한 안에 있는 여학생은 남학생을 보호해주어 공에 맞지 않도록 해줄 수도 있습니다. 여학생들이 신이 나서 즐겁게 참여하고 있는데 역시나 민재가 소리칩니다.

"비켜! 안 비키면 그냥 공 던져서 맞출거야!"

규칙에 상관없이 무조건 공을 잡아 던지고 상대편을 아웃시키고 싶은 마음만 앞선 것입니다. 여학생들이 남학생들이 맞지 않도록 보호해주니 비키라고 소리를 지릅니다. 옆에서 같은 팀 여학생들이 자기한테 공을 패스해달라고 외치지만 소용없습니다. 상대편 여학생들은 처음에는 못 들은 척 남학생 앞에 막아섰지만 무자비하게 공을 던지는 민재 때문에 슬금슬금 뒤로 빠질 수밖에 없습니다. 민재의 공에 맞아 상대편의 남학생들은 전부 아웃되었고 여학생들만 계속 남아 있었습니다. 민재는 공을 아무리 던져도 더 이상 친구들을 아웃시킬 수 없게 되자 이런 규칙의 피구는 재미없다면서 씩씩대며 아예 경기장 밖으로 나가버렸습니다. 오늘도 그렇게 체육 시간은 분위기가 다운되어 끝나버렸습니다.

체육 시간 후 집단토의를 하기로 하였습니다. 집단토의로 문제 해결 방법을 찾아본 결과 체육 시간에 승부에 지고 아무리 화가 나도 속상한 마음은 내려놓고 긍정적인 메시지를 주고받기로 하였습니다. 그렇게 집단토의가 끝나고 저는 두 명의 아이를 따로 불렀습니다.

"오늘 체육 시간에 피구시합 재미있었어?"

"아니요! 여자애들이 제대로 피하지도 않고 그대로 공을 맞고 공이 오면 제대로 던지지도 않아서 짜증났어요."

"아까 집단토의에서 나온 내용에 대해서는 어떻게 생각해?"

"음. 긍정적으로 말해주기로요. 못해도 잘한다고, 실수해도 괜찮다고 말하기로 했어요."

"시합의 승부가 달려있는 중요한 순간에 격려하기는 아주 어려운 일인데 할 수 있을까?"

"노력해봐야죠. 분위기가 안 좋으면 애들이 더 공을 피해서 안 던지려고 하긴 해요."

"그래서 선생님이 부탁이 있어. 민재와 승민이 두 명이 목소리가 크고 운동도 잘하니까 특별히 부탁하고 싶은데 선생님을 도와줄 수 있을까? 다음번에 누군가 실수하고 못하더라도 너희 두 명이 큰 소리로 '괜찮아, 다음에 잘하면 돼, 할 수 있어' 라고 긍정의 메신저 역할을 해줄래? 너희 둘이랑 선생님만 아는 긍정 미션이야! 어때?"

둘이 얼굴이 마주 보더니 씩 웃으며 고개를 끄덕였습니다. 그 뒤로도 둘은 여전히 승부욕을 벗지는 못하였지만 민재는 다른 사람의 실수를 탓하는 말을 하지 않았고, 승민이는 국어책을 읽듯 "괜찮아, 다음에 더 잘 하면 돼"라고 말해서 모두가 웃음바다가 되었습니다. 그렇게 경쟁에서 협력으로, 한걸음 더 행복한 반이 되었습니다.

나 전달법^{I-message} 사용하기

마음속에 억울하고 속상한 것이 가득 쌓였을 때 부정적인 이야기를 마음속으로 삼키라고 하는 것보다 이야기를 하며 다 털어버리라고 하는 것이 나을 때도 있습니다. 대신 힘들었던 점을 이야기할 때 누구 때문이라는 이야기는 하지 않는 것으로 약속해야 합니다. 무엇 때문에 속상한지, 그때 기분은 어떤지 이야기하게 하는 것입니다. 그것이 바로 〈나 전달법^{I-message}〉입니다.

피구시합에 졌을 때 기분이 어떠했는지 털어놓자고 했습니다.

"너 때문에 졌어, 라는 말을 들었을 때 기분이 안 좋았어요."

"실수로 공을 놓쳤는데 자꾸 실수한다고 뭐라고 하니까 아예 공을 잡기 싫어졌어요."

"욕을 하니까 듣기 싫었어요."

"계속 소리 지르니까 무서워서 못 할 것 같아요."

다들 자신의 느끼는 감정을 토로하고 나니 다들 기분이 한결 나아진 것 같았습니다. 만약 누구 때문에 짜증났어요, 누구 탓이에요 하는 말이 또 오고 갔다면 그 친구에 대한 감정 때문에 분위기가 더 나빠졌을 것입니다.

가장 간단하게 자신의 감정을 이야기하는 방식으로 '나는 ~~할 때 ~~기분이야, 난 ~~을 원해' 방식을 사용할 수 있습니다.

마지막에 자신이 원하는 다른 행동을 넣음으로써 문제 해결까지 가져올 수 있습니다. 평소에는 좀 더 구체적으로 말하는 방법을 설명해주면 아이들이 곧잘 따라합니다.

효과적인 나 전달법 I-message 활용법

~~~해서

나는 ~~~하게 느껴.

나는 네가 ~~~해주면 좋겠어.

1. 일어난 사건을 사실만을 이야기합니다.

비난하거나 판단하지 않고 문제행동이나 상황을 그대로 말하면 됩니다. "자꾸 별명을 불러서."

2. 솔직한 자신의 감정을 이야기합니다.

감정이 너무 부정적이라면 행동으로 인해 일어날 수 있는 일에 대한 자신의 감정을 이야기해도 좋습니다. "자꾸 별명을 불러서, 나는 신경이 쓰이고 별로 기분이 좋지 않아." "계속 별명을 부르면 더 화가 나서 너에 대해 안 좋은 감정이 생길 것 같아."

3. 친구에게 자신의 바람을 이야기합니다.

친구가 할 수 있는 선에서 구체적으로 알려주면 더 좋습니다.

"나는 네가 이제 별명을 그만 부르고 내 이름을 불러주면 좋겠어."

나 전달법$^{\text{I-message}}$은 꾸준히 연습해야 실생활에서도 자연스럽게 사용할 수 있습니다. 칠판 옆 게시판에 나 전달법 사용법을 붙여두고 의도적으로 사용하도록 노력해보면 좋습니다. 나 전달법을 사용하면 교실에 폭력적으로 이어질 수 있는 문제들이 자연스럽게 해결되거나 비폭력적 대화로 마무리될 수 있어 좋습니다. 특히 내가 원하는 바를 상대방에게 직접적으로 전달해 서로 기분 나

쁘지 않게 win-win할 수 있는 전략입니다. 나 전달법을 사용하기 전과 후의 상황을 제시하여 역할극으로 몇 번 해보면 재밌으면서도 즐겁게 나 전달법을 익히고 사용할 수 있어 좋습니다.

나 전달법을 안내해주고 연습한 뒤로는 친구 문제로 도움을 청하러 오는 아이들에게 나 전달법을 다시 알려주었습니다.

한번은 우리 반 찬희가 선생님께 왔습니다.

"선생님, 짝꿍이 자꾸 제 물건을 가져가서 마음대로 써요!"

그러면 그때 기분이 어땠는지, 짝꿍이 앞으로 어떻게 행동했으면 좋겠는지 물어보고 그 이야기를 나 전달법으로 짝꿍한테 해주라고 했습니다. 선생님은 단지 모든 것의 정답은 자신에게 있다는 것을 발견해줄 뿐입니다.

"자꾸 물건을 마음대로 쓰면 나는 기분이 안 좋아. 앞으로는 말하고 빌려가면 좋겠어."

03_싸움 말리기
하루도 조용한 날이 없어!

　점심을 맛있게 먹고 급식실에서 교실로 올라가는 중이었습니다. 아이들이 선생님을 부르러 급히 달려왔습니다. 우진이와 영우가 싸우고 있다는 것이었습니다. 교실에 들어서니 우진이가 영우 목에 헤드락을 걸고 주먹으로 마구 때리고 있었습니다. 영우는 그만하라고 소리치며 발버둥을 치고 있었고, 다른 아이들이 아무리 말리려고 해도 둘을 떼어놓을 수가 없었습니다. 선생님이 와도 우진이는 때리는 것을 그만둘 생각이 없었습니다. 어떻게든 한 대라도 더 때려보려고 씩씩대며 말리지 말라고 소리쳤습니다. 겨우 둘을 떼어 교재연구실로 데리고 왔습니다. 여전히 우진이는 화가 안 풀렸는지 얼굴이 붉으락푸르락하였습니다. 일단 영우의 상태를 살피고 보건실로 상처 치료를 하러 보내고 우진이와 단 둘이 이야기를 하기로 하였습니다.

"우진아, 무슨 일이야?"

우진이는 씩씩대며 벽만 노려보고 있습니다. 좀 더 마음이 가라앉으면 이야기해야겠다 싶어서 조금 기다렸다가 화장실에 다녀오라고 하였습니다. 세수라도 좀 하고 오면 진정이 될까 싶었습니다.

"가서 물도 마시고 세수도 좀 하고 올래?"

"영우가 제 발을 먼저 밟았다고요!"

우진이는 여전히 화가 가라앉지 않았습니다.

우진이는 하루라도 조용한 날이 없었습니다. 아이들의 사소한 실수도 이해하지 못하고 그대로 되갚아주거나 그 이상으로 싸움을 걸기도 했습니다. 아이들이 선생님께 일러 혼이 나면 나중에 꼭 복수했습니다. 선생님이 잠깐이라도 교실을 비우면 우진이는 친구들과 말썽을 벌입니다. 선생님이 교실에 함께 있어도 마찬가지입니다. 처음에는 선생님 앞에서만큼은 조심하는 듯했지만 점점 선생님도 아랑곳하지 않고 자기 기분대로 행동했습니다. 그렇게 적어도 하루에 한 번 이상씩은 꼭 친구들과 다툼이 생겼습니다. 다툼이 생길 때마다 일일이 개입해서 해결해주기도 쉽지 않았습니다. 우진이가 문제의 심각성을 깨닫고 스스로 문제를 해결하고 고쳐나가게 하는 방법이 없을까 고민을 많이 했습니다. 우진이에게 적용해본 몇 가지 방법을 소개합니다.

화해 테이블로 가기

가장 좋은 것은 이야기를 많이 해서 오해를 풀고 역지사지하는 마음을 가져보는 것입니다. 싸움이 일어나서 선생님이 중재해주려고 가보면 서로 오해해서 화가 난 경우가 대부분입니다. 한 사람씩 이야기 들어주고 서로 잘못한 부분을 이야기해주고 사과하고 자리로 돌아가는 방식으로 해결할 수 있지만 다음번에 같은 일이 발생했을 때도 중재자가 있어야만 해결할 수 있게 됩니다.

그래서 우리 반에서는 말다툼이 일어났을 경우 차분히 혼자 생각할 시간을 가진 후 화해 테이블에 앉아 이야기를 하게 했습니다. 먼저 혼자 생각할 시간을 가지면 상대방의 태도뿐만 아니라 자신의 태도도 되돌아볼 수 있습니다. 그러면서 화가 나거나 격앙된 기분도 좀 가라앉습니다. 그러고는 둘이 만나 각자의 이야기를 하고 상대방 때문에 화가 난 입장을 알려줍니다. 그러면 친구의 이야기를 듣고 자신이 잘못한 부분은 사과하고 상대방이 잘못한 부분은 사과받으면서 말로써 해결하는 것입니다. 앞으로 상대방이 어떻게 행동해주었으면 좋겠다는 바람도 서로 이야기합니다. 작은 싸움은 이렇게 둘이 차분하게 이야기해보는 방법으로 대부분 해결 가능합니다. 굳이 선생님에게 오지 않고 화해 테이블에 앉아 협상을 하는 모습도 쉽게 볼 수 있습니다.

한번은 두 친구가 싸워서 화해 테이블에 갔는데 둘이 앉아서 한참을 이야기해도 계속 감정이 가라앉지 않고 여전히 말싸움을 하고 있었습니다. 안 되겠다 싶어 혼자만의 시간을 좀 더 가지면서 생각해보라고 하였습니다. 다음 쉬는 시간에는 화해 테이블로 다른 친구 한 명을 초대했습니다. 이 친구가 경청자가 되어 둘의 이야기를 들어주는 역할을 했습니다. 경청자는 들어주는 역할 외에 특별한 역할을 하지 않았지만 둘의 관계는 곧 쉽게 풀어졌습니다. 화해 테이블과 경청의 좋은 효과가 잘 어우러진 것입니다.

긍정적 타임아웃 하기

보통 타임아웃이라 하면 잘못된 행동을 한 아이들이 활동에서 제외되어 홀로 떨어져 있는 것을 의미합니다. 그곳으로 가는 것은 하고 싶은 활동에 참여하지 못하는 것은 물론이고 수치스러운 느낌을 갖게 합니다. 이러한 부정적 타임아웃을 완전히 반대로 긍정적으로 만드는 작업이 필요합니다. 편안한 느낌이 들도록 좋은 이름을 붙여두고 아이들이 마음의 안정을 찾거나 감정을 조절하고 싶을 때 스스로 찾는 장소로 만들어 줍니다. 이름의 예시로는 편안한 곳, 안식처, 해우소, 평화의 섬 등이 있습니다. 싸우거나 화가 잔뜩 난 아이에게 이 문제를 스스로 해결할 수 있는지, 긍정적 타임아웃 장소로 가볼 것인지, 집단토의로 다룰 것인지 선택권을 줄 수 있습니다. 긍정적 타임아웃을 하고 마음의 여유가 생기면 자신의 행동을 다시 되돌아볼 수 있게 됩니다.

"사람은 누구나 잘못된 행동을 하거나 실수를 해요. 감정을 정리하고 마음을 차분하게 할 장소가 있다면 더 도움이 될거예요. 그 장소는 벌을 받는 장소가 아니고, 스스로 마음을 정화시키는 곳입니다. 언제든지 스스로 선택해서 갈 수 있고 마음이 풀리면 언제든지 다시 돌아와서 활동에 참여하면 됩니다."

모둠별로 활동을 하다가 의견 조율이 안 되어 화가 잔뜩 난 아이가 씩씩대면서 일어서더니 스스로 긍정적 타임아웃 장소인 안식처로 가는 모습을 본 적이 있습니다. 몇 분간 그곳에서 혼자 마음을 진정시킨 아이는 다시 모둠 자리로 돌아가서 모둠 친구들과 의견을 나누고 활동을 시작하였습니다. 모둠 친구들 역시 그 아이가 안식처로 가는 것을 보고 서로 양보하며 활동을 이어간 덕분에 다툼이 없이 무사히 수업이 진행될 수 있었습니다.

혹시라도 긍정적 타임아웃 장소를 놀기 위해 가거나 너무 오랜 시간을 이용하는 아이들이 있다면 집단토의를 통해 모두가 만족할 만한 의견을 조율하면 됩니다.

앞의 사례에서 나온 우진이는 긍정적 타임아웃 장소를 자주 이용해 마음을 정화시키곤 했습니다. 선생님께서 "너 싸웠지! 긍정적 타임아웃 장소에 가서 마음 풀고 와!" 하면서 화를 내고 소리를 지르면 긍정적인 의미는 사라지고 맙니다. 그 곳에 가고 안 가고는 아이들이 선택하게 해주어야 합니다.

"영우가 먼저 발을 밟아서 여전히 화가 안 풀리고 마음이 복잡하구나. 안식처(긍정적 타임아웃 장소 이름)에 가서 마음을 좀 진정시키고 오는 것은 어때? 아니면 이 문제를 집단토의 안건으로 올려 반 전체가 함께 이야기 나눌 수도 있어. 영우와 함께 화해 테이블로 가서 둘이 문제를 해결해봐도 돼. 대신 다시는 폭력은 안 돼."

What & How 질문하기

친구들끼리 싸우지 말아야지! 말을 이쁘게 좀 해! 왕따 시키면 안돼! 이런 지시는 잔소리에 그치고 맙니다. 지시가 아닌 '무엇을'과 '어떻게'를 이용해서 질문을 하면 아이들이 생각할 기회를 갖고 판단력을 향상시켜 더 효과적으로 해결합니다.

- 무슨 일이야?
- 그 일에 대해서 어떻게 생각하니?
- 이 문제를 해결하려면 어떻게 해야 할까?
- 그 일이 일어난 이유가 무엇이니?

어느 날, 도윤이가 선생님에게 와서 뒤에 앉은 친구에 대해 이야기했습니다.

"선생님, 뒤에서 자꾸 의자를 발로 차요!"

"의자를 차니까 신경 쓰이겠다. 그런데 몇 번이나 의자를 찼어?"

"두 번이요!"

"두 번은 '자꾸' 의자를 발로 차는 거야?"

도윤이는 곰곰이 생각해보더니 씩 웃으며 두 번은 '자꾸'라고 할 수 없을 것 같다면서 화내지 않고 한번 이야기를 해보겠다고 하였습니다. 그러면 〈나 전달법〉을 활용해서 서로 기분 나쁘지 않게 해결해보라고 했더니 그 이후로 도윤이는 더는 이 일에 대해 말하러 오지 않았습니다. 〈What & How 질문법〉으로 자신의 태도에 대해 생각하여 한두 번의 잘못된 행동에 예민하게 반응하지 않고, 〈나 전달법〉으로 도윤이의 마음와 올바른 행동을 잘 전달했더니 뒷자리의 친구가 잘 이해할 수 있었던 사례였습니다.

집단토의 역할 놀이 후에 〈What & How 질문법〉을 활용하여도 좋습니다. 역할극을 한 후 문제를 일으킨 아이에게 '너 왜 그랬니?', '너는 생각이 없어?', '너 맨날 그러잖아~' 같은 옳고 그름을 따지는 질문 대신, '어떤 일이 일어났니?', '어떻게 될 것 같아?', '어떤 느낌이 들었니?', '어떻게 해결할 수 있을까?' 같은 질문을 활용하여 해결책에 초점을 둔 역할극으로 바꾸어 보는 것입니다. 집단토의를 하며 우리가 찾는 것은 비난이 아니라 늘 문제 해결입니다.

다양한 감정을 알려주고 반영적 경청하기

수업을 앞두고 많은 아이들이 기다리는데 한 아이를 위해 이야기를 계속 들어주기가 쉽지 않습니다. 알았어, 이따가 이야기하자, 그러니까 싸우지 말랬지? 그러면 안돼! 보통 이런 말들로 급하게 마무리하는 경우가 많습니다. 아이들의 감정이나 그 내면을 들여다보지 않고 시간에 쫓겨 선생님으로서 그냥 설교하거나 심판자 역할로 끝내버리는 것입니다. 아이들이 선생님께 협력하고 존중하길 바란다면, 앞으로 문제행동이 사라지길 바란다면, 무엇보다 아이의 감정들을 존중해 주어야 합니다.

반영적 경청은 그저 아이의 말을 반복해서 말해주는 것이 아닙니다. 아이가 의미하고 말했던 것을 바꾸어 말해 아이의 메시지를 반영해주는 것입니다. 아이가 "친구가 자기만 생각하고 하고 싶은 대로만 해서 정말 짜증났어요!" 라고 말했을 때 선생님은 "친구 때문에 속상하고 화가 많이 났겠구나!" 라고 반영적 경청을 해줄 수 있습니다.

아이의 감정을 따라가는 동시에 상황이나 이유를 덧붙여 말해줍니다.

"너는 ~~때문에 ~~~하게 느끼는구나!"

사실 반영적 경청에 정답은 없습니다. 아이의 감정을 제대로 이해해주고 공감해주었다면 아이의 반응이 달라져 마음의 문을 여는 모습을 볼 수 있을 것입니다. 이때 선생님이 감정을 표현하는 다양한 단어에 대해 많이 알고 있다면 더 능숙하게 반영적 경청을 해줄 수 있습니다.

선생님은 감정을 표현하는 낱말을 몇 개나 떠올릴 수 있나요? 사실 우리가 자주 사용하는 감정을 표현하는 낱말은 그다지 많지 않습니다. 하지만 같은 낱말을 사용하더라도 그 안에 있는 마음은 더 복잡 미묘합니다. 다음은 다양한 감정 낱말입니다. 감정에는 좋고 나쁜 것이 없습니다. 아이들에게 모든 감정은 괜찮지만 행동을 그렇지 않다는 것을 알려줍니다. 아이들에게는 감정을 알려주고 그림으로 표현해보고 연습해보면 감정을 나타내는 데 더 쉽게 다가갈 수 있습니다. 그림은 예시처럼 그려줘도 좋고 직접 그려보라고 해도 좋습니다.

편안한	반항적인	결정하지 못한	제한된	외로운
아픈	두려워하는	날아갈 듯한	긴장된	혼란스러운
행복한	그리워하는	자랑스러운	후회하는	낙담한
피곤한	기진맥진한	속수무책인	신뢰하는	당황하는
화가 난	매력적인	스트레스받는	우울한	깜짝 놀란
신나는	감동받은	조용한	슬픈	감사하는
명랑한	짜증난	긍정적인	외로운	서두르는

| 용기를 주는 | 다정한 | 기대하는 | 공감하는 | 힘에 벅찬 |

04_따돌림 없애기
친구 괴롭히면 안 돼!

강희가 쉬는 시간에 혼자 책상에 엎드려 울고 있습니다.

"강희야, 왜 울고 있어? 무슨 일 있어?"

선생님이 물어봐도 강희는 대답도 없이 눈물을 쓱 닦으며 아무 말도 없습니다. 강희와 친한 친구인 수진, 유리, 상미는 무엇을 하나 찾아보니 셋이서 하하호호 웃으며 화장실에 다녀오는 길입니다. 순간 느낌이 이상합니다. 또 싸운 것일까 싶어 셋을 불러 물어봅니다.

"너희들, 강희 왜 그러는지 알아?"

아이들은 잘 모른다며 서둘러 자리에 가서 앉습니다. 저번에도 이런 적이 있어 수진이를 따로 불러 다시 물어보았습니다.

"강희한테 무슨 일 있니?"

"실은 강희가 다른 친구한테 유리 뒷담화를 하는 것을 상미가 들었다고 해서 우리도 속상해서 말 안 하고 있어요."

"수진이 너는 혼자 있는 것이 얼마나 힘든지 알면서 저렇게 강희 힘들게 하고 있어?"

"……"

수진이는 말을 잇지 못했습니다.

"그게 사실인지 아닌지도 모르면서 친구 괴롭히면 안 돼!"

수진, 강희, 유리, 상미. 이렇게 넷은 서로 친한 친구 사이입니다. 방과 후 모여 놀기도 하고 맛있는 것도 먹고 서로 집에 놀러가기도 하면서 거의 모든 일을 같이 합니다. 숙제도 같이 해결하고, 학원도 같이 다니며, 주말에도 만나서 함께 시간을 보냅니다. 그렇게 잘 지내던 네 명의 친구들 사이에 균열이 생긴 것입니다. 어느 날 수진이를 따돌리기 시작했습니다. 수진이가 유리의 물건을 빌려가서 자꾸 안 가져온다는 것이었습니다. 수진이를 제외하고 셋이서만 속닥속닥 이야기하고 쉬는 시간에도 셋이 함께 화장실을 다녀왔습니다. 학교가 끝나면 셋이 먼저 학원으로 출발하였습니다. 수진이는 아무 말 없이 혼자 엎드려 있고 그렇게 적극적으로 발표하던 수업 시간에도 무표정으로 앉아 있을 뿐이었습니다. 그렇게 일주일을 지내더니 수진이가 유리에게 미안하다고 사과를 했고 유리는 못 이기는 척 받아주더니 다시 넷이 잘 지내는 듯 보였습니다. 그러던 어느 날 강희가 혼자 앉아 있는 모습을 보게 되었습니다. 강희가 다른 친구에게 유리 뒷담화를 하는 것을 상미가 들었다는 것이었습니다. 그렇게 강희가 또다른 피해자가 되어 일주일 넘게 왕따를 당했습니다.

그렇게 친하던 아이들이 어떻게 서로에게 그렇게 돌변하여 나쁜 행동을 할 수 있는지 모르겠습니다. 게다가 시간이 지나 다시 화해하고 아무 일 없었다는 듯 친하게 지내는 것도 이해가 안 되기도 합니다. 그러고는 대상을 바꿔 또다시 반복되는 것이지요. 어쩌면 한 명을 배척함으로 인해 나머지 세 명의 결속력이 더 단단해졌을지도 모릅니다. 원래 다른 사람을 뒷담화하면서 더 친해지기도 하니까요. 하지만 언제 내 차례가 될지 모르는 불안감 속에서 이 친구들은 진짜 자신의 마음을 드러내고 친하게 지낼 수 있을지 잘 모르겠습니다. 이 우정이 언제까지 갈 수 있을지, 진짜 위기상황에서 서로를 위해줄 수 있을지 확신할 수 없습니다.

역할 놀이를 해봅시다

그 속에 있을 때는 어떤 것이 잘못되었는지, 어떤 것이 심각한지 잘 모르기도 합니다. 좀 더 객관적으로 자신의 상황을 살펴볼 수 있는 것이 역할 놀이입니다. 다른 아이들의 역할 놀이에서 내 자신의 부끄러운 모습을 본다면 어떤 느낌일까요? 따돌림 이야기는 역할 놀이에 효과적인 소재입니다. 그 외에도 모둠 활동이나 또래 집단, 친구 관계에 관한 내용들은 역할 놀이를 통해 자신이 못 보았던 내용을 보게 되고 다른 입장에서 생각하게 할 수 있게 합니다. 역할 놀이는 재미있으면서 감정을 가라앉게 하는 효과가 있어 아이들에게 더 중요한 영향을 끼치기도 합니다.

1. 역할 놀이의 상황을 설정합니다.

어떤 일이 있었는지, 그 다음에는 어떻게 되었는지, 문제 상황에서 무슨 말을 했는지, 다른 사람들은 어떻게 행동하고 말했는지 자세하게 묘사하면 좋습니다.

2. 연기자를 모집합니다.

역할 놀이에 몇 명이 필요한지 살펴보고 연기자를 모집합니다. 이때 문제 상황에 놓인 아이가 다른 역할을 맡아보는 것도 좋습니다. 꼭 똑같이 연기할 필요는 없으며 저학년의 경우 비슷한 상황이 되도록 역할 놀이 전에 말과 흐름을 한번 짚어주는 것도 좋습니다.

3. 원을 만들어 역할 놀이를 합니다.

학급 아이들과 원을 만들고 그 가운데에서 역할 놀이를 해봅니다. 동작과 목소리를 크게 하여 모두가 집중할 수 있도록 합니다. 옳고 그름을 걱정하지 않고 자기 역할에 충실하게 연기하면 됩니다. 문제 상황에 있는 아이는 이 역할극을 보거나 참여하면서 다른 입장이 되어 다른 사람의 마음을 이해할 기회를 갖게 됩니다.

4. 한 번 더 해봅니다.

부족한 부분이나 보충할 부분이 있으면 한 번 더 역할 놀이를 합니다. 아이들은 서로 역할 놀이를 하고 싶어 하며 특히 선생님 역할 등에 큰 호응을 보이기도 하였습니다.

5. 어떤 점을 배웠는지 이야기합니다.

역할 놀이 후 연기자들은 역할을 하면서 들었던 생각과 느낀 감정을 나누어보며 모두가 어떤 점을 배웠는지 이야기합니다. 건전하고 지속적인 문제 해결 방안을 찾을 수 있도록 이야기를 많이 나누는 것이 중요합니다.

역할 놀이를 하기 전에 역할 놀이를 잘 하는 방법을 함께 이야기해보는 것도 좋습니다. 동작 크게 하기, 목소리 크게 하기, 실제와 완벽하게 연기할 필요는 없음을 이해하기, 옳고 그름을 걱정하지 않고 자기 역할을 연기하기, 짧게 하기, 즐겁게 참여하기 등 꼭 필요한 요소에 대해 미리 설명해주면 역할 놀이에 더 몰입할 수 있게 됩니다.

다음은 왕따 이야기를 안건으로 역할 놀이와 함께 이야기 나눈 학급의 집단토의의 예시입니다. 고학년 여자아이들의 이야기라 처음에 안건으로 낼 때 고민이 많았는데 네 명의 아이들을 각자 상담을 한 결과 서로 다시 화해하고 싶고 다시는 이런 일이 안 생겼으면 좋겠는데 어떻게 해야 할지 모르겠다는 이야기가 나왔습니다. 우리 반 전체의 문제이기도 하니 집단토의로 친구들의 의견을 들어보고 같이 생각해보는 것도 어떠냐고 설득해보니 다들 고민 끝에 집단토의를 해보자고 하였습니다. 당사자들의 동의 없이 역할 놀이를 진행하게 되면 그 결과가 좋지 않을 수도 있으니 충분한 이야기를 거쳐 활용하기 바랍니다.

역할 놀이는 이렇게

사회자: 오늘은 따돌림에 관한 안건이 나왔습니다. 평소 따돌림에 대해 생각하고 있던 것을 이야기해주세요.

전체 반 아이들이 원으로 둘러앉은 상황에서 마이크를 돌리며 따돌림에 관해 하고 싶은 이야기가 있는 아이들만 말을 했습니다. 자신이 따돌림을 받으면 학교 다니기 싫을 것 같다. 친구를 따돌리면 안된다. 뉴스에서 따돌림으로 자살한 것을 보았다. 작년에 반에서 따돌림이 있어서 친구가 힘들어 하는 것을 보았다. 우리반은 따돌림이 없는 것 같은데 왜 안건으로 나온지 모르겠다 등 다양한 이야기가 나왔습니다. 당사자인 네 녕의 아이들은 아무 말이 없었습니다.

1. 역할 놀이 상황 설정

사회자: 오늘의 안건으로 나온 따돌림 이야기로 역할 놀이를 해 보도록 하겠습니다. 더 자세하게 설명해주시겠습니까?

연지: 유리의 부탁으로 제가 안건을 내게 되었습니다. 제가 본 것과 유리에게 들은 이야기를 들려드리겠습니다. 강희가 유리 뒷담화를 하는 것을 상미가 보고 실망하여 상미, 유리, 수진이와 함께 이야기를 나누고 강희를 멀리 하였다고 하였습니다.

사회자: 상미는 강희가 뒷담화 하는 상황을 더 자세하게 이야기해주시겠습니까?

상미: 쉬는 시간에 강희랑 같이 놀려고 강희에게 갔는데 짝꿍과 유리에 대해 이야기하고 있는 것을 우연히 듣게 되었습니다. 강희가 짝꿍에게 "유리 진짜 웃기지 않냐?"라고 하였습니다.

수진: 그래서 그 뒤로 강희에게 물어보지도 않고 우리 셋이서만 화장실에 가고 강희를 쳐다보며 속닥거리고 학원도 셋이서 먼저 출발하였습니다.

2. 역할 놀이 연기자 모집

사회자: 그러면 네 명의 친구들과 짝꿍까지 총 다섯 명의 연기자가 필요하겠네요. 역할극 지원자를 받겠습니다.

다른 역할은 서로 하고 싶어 해서 가위바위보로 결정하였고, 강희 역할을 모두가 안 한다고 하다가 우리 반에서 장난기 많은 은후가 그 역할을 맡아주었습니다.

3. 역할 놀이 하기

사회자: 연기자들은 원 가운데로 나와주세요. 준비되면 시작해주세요. 실제 상황과 똑같이 완벽하게 할 필요는 없습니다. 다만 동작과 목소리를 크게 해주시길 바랍니다.

역할극을 하는 동안 은후가 강희 역할을 맡아 속상한 표정, 우는 행동을 너무 리얼하게 해주어 모두가 몰입할 수 있었습니다.

4. 역할 놀이 한 번 더 하기 (생략)

5. 역할 놀이 후 감정 나누기

사회자: 역할극을 하면서 무슨 생각이 들고 어떤 감정을 느꼈으며 무엇을 배웠는지 이야기해보도록 합시다.

(연기자들부터 이야기하고 앉아 있는 친구들은 돌아가며 말하기로 마이크를 돌리며 이야기를 나눕니다.)

은후(강희 역할): 친구들이 갑자기 저한테 말을 안하고 뭘 잘
　　　　　　　　못했는지 모른 채로 당해야 해서 당황스러운
　　　　　　　　것 같아요. 게다가 믿고 있었던 친구들에게
　　　　　　　　배신감이 컸을 것 같습니다.

지완(상미 역할): 강희가 뒷담화하고 있는 것을 보았을 때 그
　　　　　　　　게 무슨 소리냐고 물어보지 않고 바로 친구
　　　　　　　　들에게 달려가 강희 이야기를 하는 것은 순
　　　　　　　　서가 잘못되었다고 생각합니다.

지훈(유리 역할): 상미한테 이야기를 듣고 믿었던 친구가 나에
　　　　　　　　대해 그렇게 말했다고 하니 기분이 너무 안
　　　　　　　　좋았습니다.

상미: 제가 너무 성급했던 것 같습니다. 강희한테 한 번 더 물어
　　　봤어야 했는데….

유리: 사실은 다시 친해지고 싶은데 어떻게 해야 할지 몰라
　　　서….

수진: 따돌리는 것이 얼마나 나쁜 행동이고 혼자 있는 친구가
　　　얼마나 힘들지 알면서 강희에게 물어보지도 않고 내가 당
　　　했던 것처럼 똑같이 행동해서 너무 미안해요.

강희: 미안해…. 나는 웃기지 않냐라는 것이 나쁜 의미가 아니
　　　였는데 유리가 너무 재밌는 행동을 많이 해서 그게 그냥
　　　재미있다고 말한건데….

결국 네 명의 친구들은 펑펑 울기 시작하였습니다. 우리 반 아이들은 굳이 많은 말이나 선생님의 잔소리 없이도 친구 관계나 따돌림 등에 대해 생각하는 기회를 가졌습니다. 선생님도 사회자도 개입하지 않고 넷 만의 시간을 가지며 다시 이야기하고 오라고 화해 테이블로 보냈습니다. 네 명의 아이들 모두 다시 친해지고 싶은 마음이 있었기 때문에 이러한 집단토의가 가능했습니다. 상대방의 입장에서 다시 생각해 볼 수 있는 기회를 가질 수 있는 것이 역할 놀이의 중요한 장점입니다. 역할 놀이를 통해 상미가 강희에게 물어보지도 않고 짝꿍에게 하고 있는 말을 듣고 오해해서 가서 말을 전한 것, 상미의 말을 듣고 사실의 진위 여부도 따지지도 않고 유리와 수진이가 믿은 것, 강희에게 아무것도 물어보지 않은 것, 강희의 말로 유리가 속상해진 것 등 다양한 요소들을 확인할 수 있었습니다. 그로 인해 모두의 입장을 골고루 이해하고 앞으로는 똑같은 일이 있을 때 어떻게 행동하면 좋을지까지 생각해볼 수 있는 시간이 되었습니다.

Q. 문제행동을 어떻게 해결하죠?

문제행동을 하는 아이들을 어떻게 해결하면 좋을까요? 모든 문제행동에 가장 좋은 해결 방법은 격려하기입니다. 3부의 3, 4장을 참고하시기 바랍니다. 격려하기가 너무 어렵거나 효과가 없다고 느껴진다면 다음 문제행동의 4단계 중 어떤 단계인지 확인해보고 문제행동 수정하기 방법을 활용해 보는 것도 좋습니다.

문제행동의 4단계

아이들의 모든 행동에는 목적이 존재합니다. 어떤 때는 잘못된 목적을 지니고 있다는 것을 깨닫지 못한 채 문제행동을 하기도 합니다. 대부분의 아이들은 학급이나 학교의 공동체에 소속감을 얻기 위해 잘못된 행동을 합니다. 행동의 잘못된 목적 4가지 〈지나친 관심 끌기, 힘겨루기, 보복하기, 무능함 보이기〉에 대하여 살펴보도록 하겠습니다. 학급의 아이들이 문제행동을 보인다면 다음 4가지 중에 어디에 해당하는지 살펴보면 좋습니다.

1. 지나친 관심 끌기

수업시간에 발표를 시키고 있습니다. 진희가 손을 번쩍 들고 저요!

저요! 외치면서 발표하겠다고 소리칩니다. 선생님께서 진희에게 시끄럽게 하면 발표를 안 시켜준다고 지적합니다. 진희가 소리치는 것을 멈추었습니다. 다시 수업이 진행되고 조금 있다가 진희가 또 저요! 저요! 소리칩니다. 선생님께서는 또 진희를 지적합니다. 조용해진 진희는 이번에는 짝궁과 잡담을 하거나 책이나 필통을 일부러 떨어뜨리는 다른 문제행동을 시작합니다.

이런 경우 선생님은 진희에게 지적하느라 지나치게 신경 쓰고 있다는 생각을 하고 귀찮다는 느낌도 듭니다. 그런 느낌이 들 때 선생님은 지금 관심이 필요한 아이를 다루고 있는 것입니다. 선생님의 꾸중에 잠시 행동을 멈추었다가 또다시 시작하는 것이지요. 이런 아이들은 관심받지 못하는 것보다 차라리 혼나더라도 관심을 끌었을 때 자신이 더 소중한 존재라고 느낍니다. 관심 끌기는 대부분 학생들이 의식적이든 무의식적이든 가장 많이 사용하는 잘못된 행동인 경우가 많습니다.

2. 힘겨루기

민수가 숙제를 안 해왔습니다. 벌써 며칠째 기한을 주었지만 해 올 기미가 보이지 않습니다. 화가 난 선생님이 뒤로 나가라고 하셨습니다. 민수는 자리에서 일어나긴 했지만 뒤로 나가지 않았습니다. 선생님은 계속 잔소리를 하였고 민수는 화가 난 표정으로 선생님을 바라보고 있습니다. 선생님은 또다시 뒤로 나가라고 소리쳤습니다. 민수는 꼼짝도 하지 않았습니다.

이런 경우 선생님은 화가 납니다. 선생님을 무시한다고 느끼며 다른 아이들이 선생님을 어떻게 보고 있을지 신경이 쓰입니다. 어떻게 해서든 이 학생이 말을 듣도록 해야겠다는 생각이 들 때, 선생님은 지금 선생님과 힘겨루기 하고 있는 아이를 다루고 있다는 사실을 기억해야 합니다. 아이는 선생님의 꾸중을 들으면서도 문제행동을 멈추지 않거나 더 심한 말대꾸로 반항을 할 것입니다. 이런 아이들은 어른들이 자신을 통제하려는 것에 대항해 싸우려고 하는 경우가 많습니다.

3. 보복하기

도윤이는 친구들과 매일 싸웁니다. 하루는 발을 걸어 친구를 넘어뜨려 싸우고, 하루는 친구 공책에 낙서를 실컷 하고 싸우기도 합니다. 거짓말을 하기도 하고, 물건을 던져버리거나 욕을 하는 등 다양한 문제행동을 하고 있습니다. 선생님이 따끔하게 혼을 냈습니다. 도윤이는 오히려 자신은 아무 잘못이 없다고 소리치면서 억울하다고 우기며 함부로 말하고 대들기까지 합니다.

이런 경우 선생님은 상처를 받거나 매우 화가 나며 그 아이가 싫어지기도 많습니다. 부모님께 아이의 잘못된 행동을 이야기하고 아이를 혼내주길 바라며 나쁜 행동에 대한 교훈을 알려주고 싶다면 선생님은 지금 보복하기를 하고 있는 아이를 다루고 있는 것입니다. 이런 아이들은 아무도 자신을 좋아하지 않는다고 믿고 다른 사람들이 자신에게 상처를 입혔다며 그 고통을 돌려주고 싶어 합니다.

4. 무능함 보이기

소윤이는 늘 조용히 앉아 있습니다. 처음에는 선생님이 이것도 해보고 저것도 시켜보며 다양한 활동에 참여시켜봤으나, 쉽게 포기하고 활동에도 잘 참여하지 않으려고 합니다. 선생님은 더 이상 어떤 활동을 시키기가 힘들어졌습니다.

이런 경우 선생님은 할 수 있는 모든 것을 시도했지만 성공하지 못했고, 이제 포기하고 싶다는 생각을 하게 된다면, 무능함 보이기를 하는 아이를 다루고 있는 것입니다. 꾸중을 들은 후에도 아이는 무엇인가 도전하거나 시도하지 않고 그냥 앉아 있는 경우가 많습니다. 심지어 도움을 요청하지도 않습니다.

아이와 함께 잘못된 행동 목적 찾아보기

아이가 이러한 문제행동을 했을 때 아이와 함께 어떤 잘못된 행동 목적을 지니고 있는지 찾아보는 것도 좋습니다.

"진희야, 네가 왜 수업시간에 저요! 저요! 하며 소리치며 손을 들었는지 알고 있니? 선생님의 생각을 한번 말해볼게. 혹시 선생님이 진희에게 충분한 관심을 보이지 않는다고 생각했던 것이 아닐까?"

이때 "너, 관심 끌려고 그런 짓 했지!"라며 비난하는 말투로 얘기한다면 아이는 선생님의 태도에 마음을 열지 않습니다. 보통 아이들은 자신이 왜 그런 행동을 했는지 잘 모르는 경우가 많습니다. 그때 선생님이 맞게 추측해주면 공동체 안에 자신의 위치가 없다고 믿었던 아이들이 이해받고 있다고 느끼게 됩니다. 그러면서 선생님을 더 신뢰할 수 있게 되며 효과적인 문제 해결의 씨앗이 됩니다.

문제행동 수정하기

네 가지 잘못된 행동 목적들을 지니고 잘못된 행동을 하고 있는 아이들은 긍정적 목적으로 바꾸어주는 것이 필요합니다. 지나친 관심 끌기는 협력으로, 힘겨루기는 독립으로, 복수하기는 공헌으로, 무능력 보이기는 적응유연성(유능함)으로 바꾸어주면 좋습니다. 구체적인 방법들을 살펴보도록 하겠습니다.

1. 지나친 관심 끌기 행동 다루기

이 아이들은 사실은 '나를 봐주세요, 나도 함께 하고 싶어요' 라는 메시지를 숨기고 있습니다. 관심받고 싶어 하는 욕구를 긍정적으로 충족시켜주어 다른 아이들과 협력하여 문제행동을 줄여나갈 수 있습니다.

① **잘못된 행동에 대한 관심 줄이기**: 사소한 잘못된 행동은 못 본 척하여 관심을 주지 않으며, 긍정적 행동을 하거나 부정적 행동이 중단되었을 때 관심을 주면 좋습니다. 지나친 관심 끌기 행동을 하는 아이들은 잔소리하는 것보다 무시하는 것이 더 낫습니다. 대신 다른 친구들과 함께 활동하거나, 협동하거나 긍정적인 행동을 할 때 관심을 가져줍니다.

② **비언어적 신호 활용하기**: 잘못된 행동을 하고 있을 때 잔소리하고 혼을 내는 대신 그 아이에게 다가가서 어깨에 손을 부드럽게 올린다든지 따뜻한 눈빛으로 바라본다든지 하는 비언어적인 신호를 주면 좋습니다.

③ **제대로 관심받을 수 있는 일에 참여시키기**: 선생님의 비서 역할처럼 시험지 나누어주고 수합하기, 학습 준비물 나누어주기, 안내장

배부해주기 등 긍정적인 관심을 받을 수 있는 일에 참여시킵니다.

④ **집단토의하기**: 수업을 방해하는 목적에 대해 집단토의시간에 논의 하며 학급 공동체에서 함께 해결해봅니다.

⑤ **격려하기**: "우선 수학 문제를 다 풀고 쉬는 시간에 이야기해볼까?" "그거 중요한 의견이야. 집단토의 안건으로 올려보렴." "재미있는 이 야기인데 지금은 이야기할 시간이 아니야, 다음 쉬는 시간에 우리 를 즐겁게 해줄래?"

2. 힘겨루기 행동 다루기

이 아이들은 사실 '도와줄게요, 선택권을 주세요'라는 메시지를 숨기 고 있습니다. 긍정적으로 힘을 사용할 수 있도록 도움을 요청하고, 한정 된 선택을 제안하여 책임감을 지니고 독립하여 문제행동을 줄여나갈 수 있습니다.

① **힘겨루기 싸움을 거부하기**: 그렇다고 포기하라는 것은 아닙니다. 아이의 도전을 받게 되면 그 힘의 줄다리기에서 선생님도 인내의 한계에 다다를 수 있습니다. 선생님이 그 힘의 줄다리기에서 회피 하면, 도전받지 않는다고 느끼는 상대에게 도전할 의미를 못 느껴 아이도 곧 그만두게 됩니다.

② **긍정적 힘을 사용할 수 있도록 도움을 요청하기:** 수업 준비를 위해 무거운 학습 자료나 의자 등을 옮기는 것을 돕는 일에 참여시킵니다. 또는 선생님이 하는 학급 관리 활동에 도움을 요청합니다. 예를 들어 미술 시간에 학급 물품인 붓과 물통을 쓰고 정리정돈하는 관리 감독 역할을 주거나, 급식시간 아이들이 급식을 다 먹었는지 확인해주는 급식 검사 역할 등을 주어 선생님을 도울 수 있게 합니다.

③ **한정된 선택을 제안하기:** 모든 사람이 동일한 권리를 가지고 있음을 알려주며 한정된 선택을 제안합니다. "우리는 각자 자신의 권리를 갖도록 하자. 너는 노래를 부르고 싶고, 선생님은 수업하고 싶고, 학급 아이들은 공부하고 싶어 해. 공부를 방해하지 않는다면 네 자리에 그대로 앉아 있어도 되고, 네가 공부하고 싶지 않다면 교실 뒤로 나가렴. 우리는 모두 공부할 권리를 가지고 있거든."

④ **집단토의에서 합의된 규칙과 결과를 적용하기:** 집단토의는 선생님과 아이의 일대일 문제가 아니라 공동체의 문제로 확대시킬 수 있습니다. 집단토의에서 합의된 규칙과 결과를 지키지 않는다면 선생님과의 문제가 아니라 공동체의 문제로 다시 해결하고자 하는 시간을 가져야 합니다.

⑤ **격려하기**: "우리 반 집단토의에 나온 규칙을 알고 있니?" "네가 좀
도와주면 좋겠어." "그럼 네가 먼저 이야기해봐. 같이 할 수 있는 것
을 찾아보자." "우리가 너를 도와줄 수 있을까? 집단토의 안건으로
올려볼까? 네가 할 수 있는 일을 찾아볼까?" "그렇게 생각하는구
나, 내 생각은 좀 다른데 들어볼래?"

3. 보복하기 행동 다루기

이 아이들은 사실 '난 상처받고 있어요, 내 마음을 알아줘요'라는 메
시지를 숨기고 있습니다. 상처받은 감정을 알아주고, 복수하는 마음 대신
다른 사람을 위해 돕고 공헌할 기회를 만들어주면 문제행동을 줄여나갈
수 있습니다.

① **상처받은 감정을 토닥여주기**: 상처를 주며 강하게 나오는 아이가
사실은 자기 스스로 상처받았다고 느끼는 아이입니다. 그래서 자신
이 상처받은 만큼 다른 사람에게 상처 주려고 하는 경우가 많습니
다. 그 감정을 알아주고 토닥여주는 것이 매우 중요합니다.

② **처벌, 보복하지 않기**: 보복하기 행동을 하는 아이들의 대부분은 그
동안 많은 처벌, 잔소리 등으로 더 많은 적개심을 길러왔습니다. 아
이 자체의 존재를 존중하며 따뜻하고 긍정적인 방법으로 지도해야

합니다. 화가 나는 행동을 해도 침착하게 그 감정을 공감해주고 진심 어린 관심을 보여줍니다.

③ **다른 사람을 돕는 기회를 제공하기:** 누구나 자신을 싫어할 것이라고 생각하며 상처받고 실망스러운 상태에서 다른 사람을 돕는 기회가 생기면 자신의 태도에 대해 다시 한번 생각해 볼 수 있습니다. 삶이 불공정하다고 느끼므로 자신보다 더 운이 없는 아이들을 기꺼이 도울 수 있습니다.

④ **격려하기:** "상처받은 것 같아." "우선 마음을 좀 가라앉히고 다시 이야기해보자." "네가 요즘 힘든 일이 많아서 화가 나 있는 것 같구나." "오늘 하루 힘들어 보이는데, 함께 이야기 좀 할까?"

4. 무능함 보이기 행동 다루기

이 아이들은 사실 '날 포기하지 말아줘요, 나에게 조금씩만 할 일을 주세요'라는 메시지를 숨기고 있습니다. 비난을 멈추고 아이의 가능성에 믿음을 가지며 포기하지 않고 할 일을 작은 단계로 나누어 제시하며 성공의 기회를 제공한다면 문제행동을 줄여나갈 수 있습니다.

① **긍정적인 언어 사용하기:** 일단 마음가짐부터 긍정적으로 바꾸어야 합니다. 늘 '나는 못해', '나는 안돼', 하는 마음으로 살아온 아이에

게 못해가 아니라 '난 아직 이것을 어떻게 하는지 배우지 못했어'로 바꾸어 스스로 낙담하지 않도록 지도합니다.

② **실수를 배움으로 이끌기**: 실수를 바탕으로 성공한 수많은 유명인들의 이야기를 들려주며 실수는 누구나 하는 것이고 당연하게 받아들일 수 있도록 합니다. 그 실수를 통해 다음번에는 무엇을 배웠는지 깨닫는 것이 더 중요합니다.

③ **할 일을 작은 단계로 나누어 성공할 기회 주기**: 그림을 그릴 때 선을 긋는 것부터 시작합니다. 선생님이 어떻게 하는지 구체적으로 보여주어 실패로 끝날 일을 절대로 주지 않습니다. 작은 단계가 성공할 때마다 격려해줍니다.

④ **작은 노력과 향상에 격려해주기**: 시도해보지 않으면 자신의 진짜 능력을 절대로 알지 못할 것임을 아이가 깨닫게 해줍니다. 어떤 것이 향상되거나 성공하지 않았더라도 시도했다는 그 작은 노력에 격려해줍니다.

⑤ **격려하기**: "선 긋기 처음 했을 때를 생각해봐, 그것을 잘 해내는 데 얼마나 걸렸어?" "쉬운 단계부터 해보면 어때?" "함께해보자." "실수해도 괜찮아. 그렇게 하면서 배우는 거야." "내가 첫 번째 문장을 써볼게. 다음은 네가 해보렴."

05. 잔소리 없는 1년을 위해

"수업은 순례자의 길과도 같다.
답이 없는 문제를 해결하는,
절대 끝나지 않는 여행이다."

-김태현('교사, 삶에서 나를 만나다」 저자)

Augustus Weldeck Buhler
Fisherman at the Wheel, 1908

01

집단토의가 뭐예요?

선생님의 잔소리 대신 아이들이 스스로 잔소리하게 하는 것은 어떨까요? 모든 것을 선생님이 통제하고 규칙과 질서를 만드는 것 대신 아이들이 스스로 학급 공동체의 주인의식을 지니고 규칙과 질서를 만드는 것은 어떨까요? 선생님이 확인하고 점검하는 대신 아이들이 스스로 자신의 행동에 책임을 지게 하는 것은 어떨까요?

교실 정리정돈이 안 되어 있고 쓰레기통에 쓰레기가 가득 차서 넘치고 지저분할 때 아이들은 지저분하다고 생각만 할 뿐 그 누구도 내 일이라고 나서서 정리하지 않습니다. 결국 선생님의 잔소리를 들으며 아이들은 할 수 없이 정리를 하고 그 다음번에도 그 다음번에도 계속 같은 일이 반복될 뿐이겠지요. 만약 우리 집이라고 생각한다면 어떨까요? 교실이 우리 교실, 내 교실이라는 주인

의식을 지니고 있다면 달라집니다. 학급 일에 있어서 모두가 의견을 내고 각자의 의견이 받아들여지고 그렇게 내린 결정의 결과를 스스로 책임져야 한다면 달라집니다. 스스로 하지 않으면 안 되는 책무성을 지니면 달라집니다. 이 모든 것이 집단토의에 의해 이루어집니다.

아이들에게는 선생님의 개인적인 도움보다는 공동체의 소속감이 더 중요합니다. 공동체의 소속감을 토대로 이루어지는 집단토의는 행동과 태도를 변화시키는데 매우 효과적인 방법입니다. 때로 아이들은 선생님의 가르침보다 서로에게서 더 많은 것을 배웁니다.

집단 토의에서는 집단이 학급 운영에 대해 토의하여 함께 의사결정을 내리며 구성원의 행동과 감정에 대해 이야기합니다. 이 과정에서 친구들의 행동을 변화시키거나 나쁜 감정을 줄이기 위한 대안을 탐색하고, 변화 과정에 있는 집단 구성원에게 지지를 제공합니다. 이러한 모임을 집단토의라고 할 수 있습니다.

집단토의 시작하기

처음 집단토의를 시작할 때는 어떻게 해야 할지 막연히 어려움을 느낄 수 있습니다. 집단토의에 필요한 기술들을 먼저 익히고 집단토의를 시작해야 하는지, 집단토의를 하면서 기술들을 자연스럽게 익히게 해야 하는지 아들러 심리학에서도 여전히 의견이

분분합니다.

저는 집단토의를 진행하면서 필요한 기술들을 익히는 방법을 자주 사용합니다. 어떤 집단은 의사소통 기술이나 문제 해결 기술을 따로 가르쳐주지 않아도 자연스럽고 수월하게 집단토의가 이루어지기도 합니다. 집단마다 집단토의를 하는 동안 토의에 필요한 기술이 있는지 확인하면서 설명해가는 것입니다. 또한 집단토의 중에 의사소통이 제대로 되지 않아 이대로는 안 되겠다는 문제의식을 아이들 스스로 느껴 도움을 요청하게 하는 것도 좋습니다. 어떻게 하면 더 긍정적인 의사소통이 가능한지, 더 효과적인 해결 방안을 낼 수 있는지 하나하나 고민해가며 자신들의 세계를 만들어가게 하는 것입니다. 이때 선생님의 역할은 권위적이거나 허용적인 교사가 아닌 민주적인 교사로서 아이들에게 필요한 것이 있을 때 도움을 주는 자리에 있는 것입니다.

저는 친절하지만 단호한 선생님이 되기 위해 참 많이도 싸워왔습니다. 욕심을 부린 나머지 단호함이 지나쳐 권위적이 되어버릴 때도 있었고, 친절함이 지나쳐 허용적이 되어 버릴 때도 많았습니다. 그럴 때 중심을 잡아주는 역할을 했던 것이 집단토의였습니다. 집단토의는 '나는 아이들보다 우월하다.' 라는 생각에서 벗어나 아이들을 존중하고 아이들과 나의 관계를 동등하게 유지할 수 있게 해주었습니다.

그럼 집단토의의 운영 방법과 절차 및 필요한 기술에 대하여 살펴보도록 하겠습니다. 예시로 나온 집단토의의 내용들은 완벽한 시나리오가 아니며 실제 우리 반 아이들과 나눈 이야기를 재구성하여 만든 것입니다.

때로는 엉뚱한 아이들에게서 놀랄 만큼 기발한 아이디어가 나오기도 했습니다. 학급 공동체에 주인의식을 가진 아이들은 집단토의를 통해 생각지도 못한 아이디어를 이끌어내는 것은 물론 선생님의 별다른 잔소리 없이도 자발적으로 변화하고 실천하는 모습을 보여주었습니다. 집단토의는 아이들이 스스로 변화를 이끌어낼 수 있는 능력을 갖추고 있음을 깨닫고, 참여를 통해 책임을 갖게 하는 강력하고 효과적인 방법입니다.

우리 반의 첫 집단토의

첫 집단토의의 주제로는 어떤 것이든 좋습니다. 선생님이 생각하기에 우리 반 모두가 의견을 나누면 더 좋은 학급 분위기를 만들어갈 수 있다고 생각하는 주제를 생각해봅니다. 첫 안건은 선생님이 제안하여 아이들이 집단토의에 익숙해지도록 한번 해본다는 것에 의의를 둡니다. 가장 주의하여야 할 것은 집단토의를 통해 잘못된 행동을 한 아이를 벌주거나 혼내려고 하는 것이 아니라 그 문제를 효과적으로 해결하고자 하는 것에 목적이 있음을 잊지 않는 것입니다.

선생님: 우리의 첫 번째 안건은 선생님이 제안하고 싶어요. 수업에 관한 문제인데 여러분이 잘 도와주면 좋겠어요. 오늘 국어 시간에 어떤 어려움이 있었는지 혹시 아는 친구 있을까요?

소민: 제 생각엔 친구들이 수업에 집중하지 못하는 것 같아요.

소라: 맞아요. 장난도 많이 치고 자꾸 잡담을 해서 선생님 말씀에 집중할 수가 없어요.

선생님: 여러분은 우리 반 친구들의 행동에 대해 어떻게 생각하나요?

(누가 제일 떠들었다, 조용히 해야 한다, 벌을 줘야 한다, 시끄럽다 등 앉은 자리에서 다들 제각기 한마디씩 하느라 시끌시끌합니다.)

선생님: 집단토의는 이번이 처음이지만 이 문제에 대해서는 전에도 선생님이 말한 적이 있어요. 들은 기억이 나나요?

(대부분 고개를 끄덕입니다.)

선생님: 그럼 우리가 어떻게 해야 할까요?

민지: 수업시간에 떠드는 친구들이나 방해하는 친구들은 남아

서 공부하고 가요!

선생님: 민지의 제안에 대해 어떻게 생각하나요?

준기: 불공평해요. 저는 한마디밖에 안 했는데 남아야 하나요?

선생님: 우리는 수업에 집중하지 못하는 친구들에게 벌을 주려
고 하는 것이 아니에요. 우리 반이 어떻게 이 문제를 해
결할 수 있는지 찾고 있는 거예요. 다양한 문제 해결방
법을 브레인스토밍해봅시다.

(아이들이 말하는 내용을 선생님의 판단으로 거르지 않고 나오
는 대로 칠판에 적으며 다양한 의견을 모읍니다. 처음 집단토의
때는 대부분 처벌에 관한 내용이 주를 이룹니다.)

선생님: 여러분이 낸 여러 의견 중에 합리적으로 받아들여질 수
있고, 문제 해결에 도움이 되는 방법은 어떤 것인가요?

채빈: 여러 의견 중에 저는 떠드는 친구를 우리 반 전체가 눈빛
을 보내며 신호를 주는 것이 마음이 들어요! 떠드는 친구
를 조용히 하라고 하면 오히려 더 시끄러워 지잖아요. 그
친구 때문에 우리가 집중할 수 없으니 조용히 해달라고
텔레파시를 보내는 거예요!

선생님: 선생님이 생각지도 못한 아이디어가 나왔네요. 이 방법
이 괜찮다고 생각하는 친구는 손을 들어 줄래요?

(대부분이 손을 들어 한번 해보기로 하였습니다.)

선생님: 앞으로 집단토의를 하면서 안건을 낸 친구가 의견을 고를 수도 있고 여러분이 다수결로 골라줄 수도 있어요. 한 명의 의견보다 여러분 전체의 의견이 더 효과적이길 바랍니다. 혹시라도 오늘 내린 결정이 효과적이지 않다면 다음 집단토의 시간에 다른 의견을 검토해보도록 합시다.

첫 집단토의를 하는 동안 다양한 집단토의 내용을 설명해주어야 할 필요성을 느꼈습니다. 문제 해결 기술이나 의사소통 기술을 익히고 집단토의의 순서와 평가 방법에 대한 설명도 필요했습니다. 더 많은 집단토의를 해나가는 동안 차근차근 설명하면서 함께 익혀가야겠지요. 집단토의를 마무리하면서 아이들의 소감도 들어보았습니다.

첫 집단토의 후 아이들의 소감
- 평소에는 내가 말을 해도 친구들이 잘 안 들어주는 느낌이었는데 집단토의를 하니 우리 반 전체가 말을 잘 들어주어 너무 좋아요.
- 좋은 아이디어가 나온 것 같아요.

- 편안하게 이야기할 시간이 없었는데 이런 시간이 많았으면 좋겠어요.
- 마음속에 있는 이야기를 해보니 속이 다 시원해요.
- 다른 친구들이 어떤 생각을 하고 있는지 듣게 되어 좋아요.
- 문제가 벌써 다 해결된 것 같아요.

02

집단토의는 어떻게 할까요?

아들러 심리학을 기저로 한 책 『학급 긍정 훈육법』에서는 학급 회의 방식을 구체적으로 구조화하여 4단계의 절차를 제안합니다. 그 4단계는 〈칭찬하고 감사하기, 이전 해결방법 확인하기, 의제 확인하기, 활동 계획 세우기〉입니다. 학급 긍정 훈육법을 토대로 우리 학급에서 진행한 집단토의 절차는 〈격려와 감사하기, 이전 해결책 확인하기, 안건 다루기, 토의 평가하기〉입니다. 이 집단토의 4단계는 우리 반 학급 실정에 맞게 제가 수정한 것입니다. 아들러 심리학을 기반으로 한 학급회의나 집단토의의 사례들을 찾아보면 거의 비슷한 방향으로 흘러가고 있습니다. 〈칭찬하고 감사하기, 이전 해결방법 확인하기, 의제 확인하기, 활동 계획 세우기〉 순서이거나, 〈격려와 감사나누기, 이전 해결책 확인하기, 안건 다루기, 계획하기, 회의 평가하기〉, 또는 단계를 정해두지 않고 효과적인 집단토의를 이끌기 위한 기술을 익히고 자연스럽게 격려를 하고, 안건을 해결하는 방식을 택하기도 하였습니다. 학급의 실정에 따라 다른 내용을 추가하거나 삭제해도 됩니다.

집단토의의 절차

1. 집단토의 1단계: 격려와 감사하기

〈격려와 감사하기〉 활동은 긍정적으로 집단토의를 시작하게 도와줄 수 있습니다. 이 활동을 통하여 아이들은 학급 공동체에 더 좋은 감정을 느끼고 편안하게 의견을 주고받을 수 있게 됩니다. 이렇게 만들어진 긍정적인 정서는 서로 존중하고 협력하는 분위기를 만들고 더 창의적이며 효율적인 문제 해결이 가능하게 합니다. 격려에 관한 더 자세한 내용은 3부의 1,2장을 확인하시기 바랍니다.

〈격려와 감사하기〉의 다양한 활동 예시는 다음과 같습니다.
- 누군가 자신을 기분 좋게 해주었던 때를 떠올려 이야기하기
- 다른 누군가에게 감사하고 싶은 것을 이야기하기
- 다른 친구의 좋았던 점을 찾아서 격려해주기
- 지금까지 격려나 감사를 받지 못한 친구를 찾아서 감사나 격려하기

- 자신이 한 일 중에 격려받고 싶은 것을 이야기하면 다음 친구가 격려해주기
- 한 사람을 원 가운데로 초대해서 격려샤워해주기
- 격려 짝꿍을 정해 일주일동안 격려하고 소감 말하기
- 격려 메시지를 뽑고 하루에 하나씩 읽기

집단토의를 할 때마다 다양한 방법으로 이야기를 해보면 좋습니다.

다음 시나리오는 자신이 한 일 중에 격려받고 싶은 것을 이야기하면 다음 친구가 격려해주고 감사를 전하는 방법을 사용한 예시입니다.

선생님: 집단토의를 시작하기 전에 우리 반 친구들의 노력을 격려해주고 싶어요. 일주일간 내가 우리 반을 위해 참여하고 노력한 점, 협력했던 점을 생각하면서 받고 싶은 격려를 이야기하고 마이크를 넘겨받은 친구는 진심을 담아 감사해주고 자신이 받고 싶은 격려를 이야기하는 방식으로 진행해볼게요. 선생님부터 시작할게요. 선생님은 회의나 자료 준비로 인해 혹시라도 우리 반 수업 시간에 늦지 않도록 노력했어요.

재건: 선생님께서 수업시간을 잘 지켜주셔서 감사합니다. 저는

과학 실험도구들을 사용 후 깨끗이 정리했어요.

민호: 재건아, 실험도구들을 깨끗이 정리해줘서 고마워. 저는 쉬는 시간에 1인 1역인 칠판정리를 하느라 친구들과 놀지 못했어요.

다솜: 민호야, 칠판정리를 해줘서 고마워.

(모두가 자신이 격려받고 싶은 내용을 이야기하고 다음 친구는 감사를 전하며 자신의 격려 내용을 돌아가며 말합니다.)

〈격려와 감사하기〉 활동을 하면 처음에는 많은 아이들이 어려워하는 편입니다. 격려가 어떤 것인지에 대해서도 잘 모르고 어떤 점을 격려해야 하는지도 모르며, 격려를 받고 어떻게 표현해야 하는지도 모르기 때문입니다. 게다가 자신이 어떤 격려를 받고 싶어하는지도 모릅니다. 선생님이 다양한 격려를 예시로 몇 번 들려주어야 합니다. 격려를 받은 친구는 격려에 대한 고마움을 표현하면 된다고 이야기를 해주면 곧잘 따라하는데 그래도 어려워하는 친구는 마이크를 그냥 넘기게 합니다. 강요하지 않아도 몇 번의 집단토의를 거치고 나면 모두가 참여하여 격려와 감사를 즐기게 됩니다. 어떤 선생님은 매주 집단토의를 진행했는데 어느 날은 안건이 없어 다른 활동을 하려고 하자 아이들이 "그럼 격려하기라도 해요!"라며 격려에 애착을 보이기도 했다고 합니다.

우리 반에서는 처음 〈격려와 감사하기〉 활동을 했을 때, 격려와 감사에 대해 소개하고 아이들이 감사하고 싶은 것을 이야기하며 마이크를 넘겼는데 몇 명만 말하고 대부분 마이크를 넘겼습니다. 한바퀴 마이크가 돌아온 후 바로 집단토의의 2단계로 넘어갔더니 아이들이 깜짝놀라며 "이게 끝이에요?"라며 물었습니다. 무엇인가 거창한 활동을 기대했던 것 같습니다. 그 이후로 다음 〈격려와 감사하기〉 시간에는 대부분이 참여하며 감사를 표현했습니다. 특별한 이야기를 하는 것이 아니라 평소의 이야기를 자연스럽게 하면 된다는 것을 알게 되었기 때문입니다.

2. 집단토의 2단계 〈이전 해결책 확인하기〉

〈이전 해결책 확인하기〉 활동은 지난 시간 집단토의 문제 해결 방법이 효과적이었는지 확인하는 시간입니다. 일주일 동안 아이들이 문제 해결 방법을 잘 따라주었는지, 과연 그 방법이 효과적이어서 문제행동이 사라졌는지 등을 확인합니다. 만약 아이들이 잘 지켜주지 않았거나 효과적이지 않았다면 그 이유가 무엇인지, 다른 좋은 해결 방법은 없는지 알아볼 것을 안건으로 제출합니다.

선생님: 저번 시간에 했던 집단토의에 대해 한번 생각해볼게요. 어떤 내용을 토의했고 어떤 해결 방안이 나왔던가요?
선우: 저번 시간에 수업시간에 집중하지 못하는 친구에게 우리

반 친구들 모두 눈빛을 보내기로 했었어요.

선생님: 일주일간 해보았는데 어땠나요?

주아: 몇몇 친구들이 떠들어서 자꾸 쳐다보고 눈치를 줬는데 우진이가 왜 쳐다보냐고 하면서 쳐다보지 말라고 해서 속상했어요.

현정: 그래도 잡담을 하는 사람이 좀 줄어든 것 같아요.

하리: 떠들다가 친구들이 쳐다보면 민망해져서 조용히 했어요.

라희: 눈빛을 보내도 상관하지 않는 친구들이 있어서 왜 규칙을 지키지 않는지 따졌어요.

선생님: 우리 반 친구들이 결정한 내용을 잘 지키려고 노력한 친구들이 있는 반면에 그 규칙이 어렵게 느껴진 친구들도 있었네요. 그럼 앞으로는 어떻게 하면 좋을까요? 일주일을 더 지켜볼까요. 아니면 저번에 나온 다른 방법들을 활용해 볼까요?

(대부분이 다시 한 번 해보자는 의견이 나왔습니다.)

선생님: 그럼 다음 일주일 동안 한 번 더 해봅시다. 대신에 친구들을 서로 존중하는 방식을 활용하면 좋겠어요.

3. 집단토의 3단계 〈안건 다루기〉

〈안건 다루기〉 활동은 제안서의 순서에 따라 하나씩 이야기해 나가면 됩니다. 구체적인 상황 설명을 듣고 관련 친구들의 이야기를 들으며 논리적 방법과 3R1H 평가기준(문제와 관련이 있는지, 서로 존중하며 진행되는지, 합리적으로 받아들여지는지, 문제 해결에 도움이 되는지)을 생각하며 문제 해결 방안을 이야기합니다. (3R1H 평가기준은 다음 장을 참고해주세요.) 상황 속으로 더 효과적인 감정 이입을 위해 역할 놀이를 접목하는 것도 좋습니다. 역할 놀이와 함께하는 날은 더 효과적인 방안의 아이디어가 나오고 문제 해결이 더 잘 이루어지기도 합니다.

문제 해결 방법에 대해 이야기할 때 보통 마이크를 돌리며 이야기하고 이때 나온 내용들은 칠판에 적으며 브레인스토밍 방식을 활용합니다. 한번은 장난을 치고 싶은 아이가 엉뚱한 내용을 해결책으로 내어놓았는데 무시하지 않고 칠판에 적어주니 오히려 민망해했습니다. 그 아이는 다음부터 더 신중하게 생각하여 문제 해결 방안을 내놓았습니다.

선생님: 오늘의 안건은 발표에 관한 내용입니다. 우리 반 친구들이 발표에 적극적이지 않고 잘 안 하려고 하는 것 같아요. 발표를 잘하려면 어떻게 할까에 관한 이야기를 나누어봅시다.

승민: 선생님! 발표 안 하면 남아야 하나요?

선생님: 오늘은 마이크를 사용할 거예요. 마이크를 가진 사람만 발언권을 얻어 이야기하고, 다른 친구들은 마이크 잡은 친구의 이야기를 잘 들어주도록 합시다.

(하루에 3회 이상 발표를 하도록 하자, 3회는 많으니 1회만 하자, 목소리가 작으면 안 한 것으로 하자, 손을 든 것도 발표 횟수로 세어주자, 발표를 하지 않으면 남아서 공부하고 가자, 발표를 아예 하지 말자, 역할극 같은 것도 발표에 포함이 되나? 발표를 안하고 있으면 옆에 짝꿍이 격려해주자, 등 다양하게 나온 의견을 칠판에 적어주었습니다. 마이크가 한 바퀴 돌아오는 동안 생각을 못한 친구는 마이크를 바로 넘겼는데 한 바퀴가 다 돌아간 뒤에야 할 말이 생각났다고 해서 마이크를 두 바퀴나 더 돌렸습니다.)

선생님: 아주 다양한 이야기들이 나온 것 같아요. 일단 발표를 하루에 몇 번 이상 할지, 한다면 몇 번이나 할 것인지, 아니면 아예 안 할 것인지 결정을 내려보는 것도 좋을 것 같아요.

아정: 발표를 적어도 하루에 한 번씩이라도 하면 어때요? 두 번, 세 번은 부담스러운데 한 번 정도는 다들 할 수 있을

것 같아요.

(몇 번의 상의 끝에 모두가 한 번은 할 수 있겠다, 한번이라도 발표하기에 도전해보자고 만장일치의 의견으로 마무리 지어졌습니다.)

선생님: 그러면 앞으로 하루 한 번 이상 발표해보도록 합시다. 만약 하루종일 발표를 못 하고 있는 친구가 있다면 아까 지원이가 낸 의견처럼 각 모둠에서 발표해보자고 격려해주는 것도 좋을 것 같아요. 그리고 발표를 하면서 목소리 크기, 발표 태도, 듣는 태도 등도 주의하면서 참여해보면 더 좋을 것 같아요.

  학생들: 네~

4. 집단토의 4단계 〈토의 평가하기〉

〈토의 평가하기〉 활동에서는 그날 토의 규칙을 지키며 잘 토의 했는지, 말을 함부로 한 친구들이 없었는지 효과적인 문제 해결 방안이 나왔는지, 토의 방법에 대해 개선할 점은 없는지에 대해 스스로 평가해보는 시간을 갖습니다.

  선생님: 오늘 집단토의를 하면서 모두가 회의 규칙을 잘 지키며

참여하였나요? 우리가 오늘 특히 잘한 점은 무엇이 있을까요?

주아: 제가 말할 때 친구들이 조용히 잘 들어줘서 좋았어요.

선우: 남녀차별적인 말들을 하지 않아서 다행이에요.

선생님: 그러면 우리가 잘 못 지키고 있는 회의 규칙이 있을까요?

현정: 마이크를 돌릴 때 자꾸 옆으로 돌리기만 하는 친구들이 있는데 그 친구들도 한마디라도 의견을 냈으면 좋겠어요.

아정: 의견을 낼 때 "그건 아니지!"하는 부정적인 말은 안 했으면 좋겠어요.

선생님: 우리 다음 집단토의 때는 이런 부분을 개선해서 서로 격려해주고 존중해주는 방법으로 함께 멋진 학급을 만들어봅시다. 오늘 집단토의 후 느낀 점을 친구들과 이야기해보며 교실을 정돈해주세요.

아이들의 주된 관심사는 규칙을 지키지 않을 때 어떻게 되느냐 하는 것입니다. 처음에는 자율적으로 우리가 만든 규칙을 지켜보자고 이야기하는데 며칠이 지나면 "선생님, ○○는 발표 안 해요.", "발표 안 해도 돼요?", "그럼 저도 안 할래요." 이런 볼멘소리들이 퍼져나옵니다. 그러면 당연히 집단토의 안건에는 발표 안한 친구를 어떻게 하면 좋을까에 관한 내용이 올라옵니다. 아이들도 발표는 하면 좋겠는데 안 하는 친구들이 있으니 자신도 해야 하나 말아야 하나 심각한 고민에 빠집니다. 저는 이런 것이 좋은 안건이라고 생각합니다. 모두가 고민하고 있고, 해야 하는데 하기 싫을 때 다 같이 해결 방안을 찾아보는 것입니다.

일주일이 지나 우리 반은 '발표 안 하는 친구들은 어떻게 할까?'를 주제로 집단토의를 진행하였습니다. 아이들은 발표가 꼭 필요한지, 발표를 하면 무엇이 좋은지 다 같이 고민을 해보았습니다. 남학생 몇 명이서 '안 해도 된다, 하지 말자'고 주장하였지만 대다수 아이들이 하루 한 번은 꼭 하자는 의견으로 모두를 설득시켜 지난번 집단토의 결과와 같이 발표를 하루에 한 번 이상씩 하기로 하였습니다. 대신 발표를 안 하거나 못 한 친구들은 여러 가지 의견 중에 논리적 결과와 3R1H의 평가기준에 따라 규칙을 정하였습니다. 수업 시간 내에는 모둠에서 서로 체크해서 발표하지 않은 친구들을 도와주고 그래도 발표를 못 한 아이는 남아서 발표 연습을 하고 가기로 하였습니다. 발표 연습은 남아서 10분 동안 국어 교과서를 큰소리로 읽고 가는 것입니다.

처음엔 아이들에게만 맡겨두면 발표도 안 하고 공부도 안 하고 아무것도 안 하려 하면 어쩌나 걱정을 많이 했는데 이렇게 멋진 규칙을 만들고 실천해나가는 것을 보면서 아이들의 문제 해결력에 감탄하게 됐습니다. 참고로 다른 해의 다른 학급에서는 처음 집단토의에서 '발표 하지 말자' 라고 결정하였다가 일주일 뒤 다시

'발표를 해야 한다'라는 의견이 채택되기도 하였습니다. 한번 아이들을 믿고 기다려보세요.

03
집단토의에는 어떤 기술이 필요할까요?

때로는 집단토의에 특별한 기술이 필요 없을 때도 있습니다. 그저 아이들이 모여 자신들의 문제를 이야기한다는 자체만으로 효과가 있는 경우도 있습니다. 아이들이 자신의 목소리를 내고 감정을 공유하고 제안하는 동안 문제가 해결되는 것입니다. 아이들은 선생님의 일방적인 잔소리보다 친구들의 이야기에 더 귀를 기울이는 경향이 있기 때문입니다.

하지만 때로는 몇 가지 문제 해결 기술이나 의사소통 기술로 더 효과적인 문제 해결을 가져오기도 합니다. 지금부터 소개하는 여러 가지 기술을 살펴보고 각 교실 상황마다 필요하다고 생각하는 기술을 연습하며 집단토의를 진행해나가면 됩니다. 또한 대부분의 기술들은 이미 앞에서 설명한 바 있어 간단하게 소개만 되어 있으니 자세한 내용은 앞의 부분을 참고하면 됩니다.

문제 해결 기술

처벌이 아닌 문제 해결에 초점 맞추기

대부분의 아이들은 해결 방법을 찾아달라고 하면 약속이나 한 듯 처벌을 생각했습니다. 어떻게 혼을 낼지, 다시는 못 하게 할지 선생님을 대신해 벌을 주어야 한다고 생각하는 것입니다. 하지만 몇 번의 집단토의를 거치면서 선생님이 자신들을 벌 주려고 하는 것이 아니라 학급 공동체를 위해 문제 해결 방법을 찾고 있다는 것을 자연스럽게 알게 되었습니다.

"숙제를 안 해오는 아이를 어떻게 할까?" 하고 질문을 던지면 아이들은 보통 혼내요, 뒤로 나가 있어요, 숙제를 두 배로 하게 해요, 남아서 청소하게 해요, 매를 들어요, 벌을 서요 등의 처벌 방법에 관한 아이디어를 생각해냅니다. 하지만 문제 해결에 초점을 맞춘 아이들은 아침 시간부터 쉬는 시간에 놀지 않고 숙제를 하게 해요, 남아서 숙제를 다 하고 가요, 자주 안 하는 아이들은 숙제가 있는 날 미리 남아서 학교에서 숙제를 하고 가요, 알림장을 미리 확인해요, 숙제공책을 잘 챙겼나 이끔이가 확인해줘요, 등 앞으로 어떻게 숙제를 잘하게 할지 생각합니다.

역할 놀이

상황 속에 있을 때는 어떤 것이 잘못되었는지, 어떤 것이 심각한지 잘 모르기도 합니다. 좀 더 객관적으로 자신의 상황을 살펴볼 수 있는 것이 역할 놀이입니다. 다른 아이들의 역할 놀이에서 내 자신의 부끄러운 모습을 본다면 어떤 느낌일까요? 특히 왕따, 모둠 활동, 또래 집단, 친구 관계 등에 관한 내용은 역할 놀이를 통해 자신이 못 보았던 내용을 보게 되고 다른 입장에서 생각할 수 있도록 합니다. 역할 놀이는 재미있으면서 감정을 가라앉게 하는 효과가 있어 아이들에게 더 중요한 영향을 끼치기도 합니다.

브레인스토밍

문제 해결 방법을 찾을 때 아이들의 모든 의견을 판단하지 않고 전부 수용합니다. 판단하지 않고 모든 아이디어를 수용하면 더 많은 아이디어가 쏟아져 나옵니다. 가능한 한 많은 양의 아이디어를 모아 그 속에서 해결 방법을 찾는 것입니다.

브레인스토밍은 질보다 양이 더 중요합니다. 사실 창의적인 아이디어는 남들이 별거 아니라는 생각 속에서 나오므로 엉뚱하고 모순적인 아이디어 속에 의외로 쓸 만한 해결 방법이 숨어 있기도 합니다.

브레인스토밍의 네 가지 원칙은 다른 사람 아이디어에 판단하지 않기, 자유분방한 의견내기, 질보다 양을 추구하기, 다른 사람 아이디어와 결합하여 새로운 의견 발상하기입니다.

선택돌림판 활용하기

도저히 문제 해결 방법이 생각나지 않을 때는 선택돌림판을 활용하는 것도 좋습니다. 돌림판에 있는 내용 중에 해볼 수 있는 방법을 골라 실천해보는 것입니다. 선택돌림판의 내용은 학급 아이들과 상의하거나 실정에 맞게 얼마든지 변경해도 좋습니다. 자신이 원하는 것 분명히 말하기, 긍정적 타임아웃하기, 상황에서 멀어지기, 화해 테이블로 가기 등 다양한 해결 방법을 참고합니다.

문제 해결법 3R1H

2부 2장에서 제시하였던 논리적 결과와 더불어 3R1H 평가기준을 적용하면 더 좋은 문제 해결 방법을 찾을 수 있습니다. 선생님이 자신도 모르는 사이에 논리적 결과로 가장한 처벌을 사용하지 않기 위해 스스로 평가해보는 절차가 바로 3R1H입니다. 아이들이 제시한 여러 방법을 놓고 3R1H 평가기준을 알려주면 그 타당성을 평가하기 쉽습니다.

- Related(관련성): 해결방법이 행동과 관련이 있는지 확인합니다. 떠드는 아이에게 청소를 시키는 것은 관련성이 없습니다.

- Respectful(존중): 아들러 심리학에서 가장 중요하게 생각하는 기본 전제로 사회적 평등을 기초로 한 상호 존중 없이는 어떠한 훈육도 효과가 없다고 보고 있습니다. 끊임없이

서로 존중하는 방식인지 생각해야 합니다.

- **Reasonable**(합리성): 합리적으로 받아들여질 수 있는 결과인지 생각해봅니다. 벽에 낙서를 한 아이에게 자신이 한 부분뿐만 아니라 벽 전체를 지운다던가, 페인트칠을 하라고 하는 경우는 학생에게 너무 큰 짐이 됩니다.
- **Helpful**(도움): 문제 해결에 도움을 주는지 확인합니다. 체육 시간에 준비운동을 안 하면 활동에 참여할 수 없다는 규칙을 정했는데 오히려 체육 활동을 하기 싫어 준비운동을 안 하는 아이들이 생긴다면 문제 해결에 도움을 주지 못하는 경우에 해당됩니다.

의사소통기술

경청하기

경청은 모든 관계의 기본이 됩니다. 상대방이 잘 듣는다고 느끼면 자신의 생각을 더 잘 이야기하게 되며 서로 듣고 말하는 관계가 수월하게 이루어집니다. 경청이 잘 되는 아이들은 경청만으로 충분한 문제 해결을 가져옵니다. 경청이 잘 되지 않는 상황을 역할극으로 연습해보고 그때의 기분을 느껴보면서 스스로 경청의 중요성을 깨달을 수 있도록 도와주면 좋습니다.

다름을 존중하기

나와 의견이 다르다고 틀린 것이 아님을 이해해야 합니다. 똑같은 사건을 보고도 생각하거나 판단하는 것은 사람마다 모두 다릅니다. 백 명이 있으면 백 가지 다른 생각이 존재한다고 할 수 있습니다. 상대방의 의견을 이해하고 존중하며 격려해주는 태도를 기를 수 있는 활동을 해보면 좋습니다. 같은 사물을 보고 다르게 생각하거나, 다른 결론을 내는 게임을 해보면 좋습니다. 예를 들면 좋아하는 색깔과 싫어하는 색깔을 고르고 그 이유를 적어보는 간단한 활동으로도 다름을 확인할 수 있습니다. 각기 좋아하는 색깔이 다르고, 같은 색깔을 좋아하더라도 그 이유가 다를 수 있습니다. 내가 좋아하는 색깔을 어떤 사람은 싫어할수도 있습니다. 그렇다고 누군가는 틀린 것이 아닙니다. 서로 각자의 생각을 존중하면 됩니다.

의사소통 성적표

올바른 의사소통으로 이끌어가고 싶지만 때로는 어떤 말이 서로의 기분을 좋게 하는지 잘 모를 때도 있습니다. 생각하지 않고 그냥 하고 싶은 말을 마구 쏟아낼 때도 있습니다. 평소에 아이들이나 선생님이 자주 하는 말을 미리 적어 이 중에 어떤 말을 했을 때 친구 간에 거리가 좁혀지는지 멀어지는지 간단히 점수화를 해보는 활동을 해보면 좋습니다. 의사소통 성적표는 어떤 말이 바른 의사소통을 이끌어내는지 알아보기 위한 활동입니다. 자주하는 말이 적힌 쪽지를 들고 두 사람이 마주보고 섭니다. 한 사람이 쪽지를 보고 읽습니다. 다른 한 사람은 그 문장을 듣고 기분이 나쁘거나 마음이 상하면 뒤로, 기분이 좋아지고 격려받고 있다고 느끼면 앞으로 한 칸씩 이동합니다. 예를 들어 의사소통을 방해하는 표현으로는 네가 잘못했네!, 도대체 언제까지 그럴래?, 이게 무슨 짓이니?, 그렇게 말하지 마! 등이 있으며, 의사소통을 향상시키는 표현으로는 이해해, 화날 만도 하네, 무슨 일이 있었어?, 도움이 필요하면 이야기해, 나랑 이야기해줘서 고마워, 앞으로 어떻게 할까? 등이 있습니다. 두 사람의 의사소통 성적표를 보며 어떤 의사소통이 서로를 존중하고 격려할 수 있는지 확인할 수 있습니다.

나 전달법 I-message

  감정을 공유하면서 아이들은 더 가까워지고 자신의 속마음을 이야기하며 다양한 문제를 해결할 수 있습니다. 그럴 때 상대방을 비난하지 않으면서 자신의 감정을 이야기하는 〈나 전달법〉을 사용하면 좋습니다. 나 전달법으로 "나는 ~~할 때 ~~기분이야, 난 ~~을 원해" 방식을 사용할 수 있습니다. 일어난 일을 사실만을 넣어 자신의 감정을 솔직하게 이야기합니다. 그 다음 그 행동이 계속되었을 때 예상되는 결과나 자신의 바람을 이야기합니다. 마지막에 자신이 원하는 다른 행동을 넣음으로써 구체적인 문제 해결까지 가져올 수 있습니다. 나 전달법을 사용하면 교실에 폭력적으로 이어질 수 있는 문제들이 자연스럽게 해결되거나 비폭력적 대화로 마무리될 수 있어 좋습니다. 특히 내가 원하는 바를 상대방에게 직접적으로 전달해 서로 기분 나쁘지 않게 **win-win** 할 수 있는 전략입니다.

효과적인 집단토의를 위한 기술

원으로 둘러앉기

집단토의를 할 때 평소대로 자리에 앉아서 하기보다 모두가 동등하게 말하고 듣는 권리를 위해 상호 존중의 분위기의 원 모양을 만들어 둘러앉는 것이 좋습니다. 빠르고 안전한 집단토의의 준비를 위해 원 만들기 활동에 간단한 게임을 하는 방법도 있습니다.

원으로 둘러앉기 전에 어떻게 하면 빠르고 조용하며 안전하게 원으로 둘러앉을 수 있는지 질문하였습니다. 책상 배치를 어떻게 할 것인지 간단하게 이야기를 하고 원으로 둘러앉는데 얼마나 걸릴지 예상해보았습니다. 아이들은 5분? 30초? 10분? 1분? 다양한 예상을 하였고, 도우미 친구 한 명이 시간을 재며 원으로 둘러앉기를 하고 시간이 얼마나 걸렸는지 확인했습니다. 걸린 시간은 3분 40초. 거기에 와글와글 책상을 옮기며 비켜, 저쪽으로 가, 거기 아니야, 하며 서로 마음이 급해 책상에 다리가 걸리기도 했습니다. 원으로 만드는데 걸린 시간과 우리의 태도를 보며 어떻게 하면 다음번에는 더 빠르고 조용하며 안전하게 원으로 둘러앉을 수 있을지 이야기를 나누었습니다. 예상한 시간이 맞은 친구는 다가가서 하이파이브를 해주었습니다.

이렇게 사소한 것 하나하나 이야기하는 동안 앞으로의 집단토의를 위한 규칙들이 하나 둘 결정되는 것입니다. 설명이 아닌 직접 참여를 통해 아이들은 배워나갔습니다. 집단토의가 끝난 다음 '빠르고 조용하며 안전하게' 라는 세 가지 원칙을 다시 한 번 안내하며 원래대로 책상과 의자를 옮기는 것이 몇 분 안에 가능한지 확인해보았습니다. 2분. 아까보다 시간이 줄고 훨씬 조용했으며 안전하였습니다.

마이크 활용하기

마이크를 사용하면 마이크를 든 사람에게 발언권이 있음을 시각화하여 모두가 집중하여 참여할 수 있습니다. 마이크가 원 안에서 돌려지며 진행되기 때문에 모두에게 이야기할 기회가 제공되어 생각지 않은 작은 아이디어까지도 들을 수 있습니다. 할 말이 없는 아이는 그냥 옆 친구에게 마이크를 전달만 해도 됩니다. 아무도 의견을 말하고 있지 않을 때 마이크를 활용하면 적어도 5명 정도의 의견은 들을 수 있습니다.

마이크가 없다면 마이크를 대용할 만한 물건을 활용해도 좋습니다. 우리 반에서는 목공풀을 활용했는데 마치 마이크처럼 길쭉한 모양이어서 다들 목공풀을 입 쪽으로 들고 말했습니다. 볼펜, 물병, 막대기 등 주변에서 쉽게 찾을 수 있는 물건을 활용하면 됩니다. 선생님도 아이들과 같은 눈높이의 의자에 앉아 있다가 마이크를 오른쪽 또는 왼쪽 방향으로 돌리면 됩니다.

안건 제안하기

처음에는 선생님이 안건을 제안해도 좋지만, 학급 공동체가 같이 고민해봐야 할 문제들에 대해 아이들도 안건을 제출합니다. 문제 상황뿐만 아니라 개인적인 문제들, 긍정적인 일에 관한 안건도 좋습니다. 친구들 간에 문제가 발생했을 때 안건을 작성하여 올리게 하면 그 문제로 인한 부정적인 감정과 충돌을 완화시킬 수 있습니다. 또한 선생님에게 문제 해결을 의존하려는 태도도 줄어듭니다. 무조건 안건으로 올리기보다 스스로 도움이 될 만한 해결방법을 찾아보고 해결이 되지 않았을 때 공동체 문제로 다루고 싶다면 안건으로 제안하는 것입니다. 안건은 교실의 약속된 장소에 순서대로 붙이고 집단토의 전에 미리 살펴볼 수 있도록 합니다. 다음은 우리 반에서 활용한 안건지의 예이니 이를 참고하여 각 학급에 맞게 수정하여 사용하면 됩니다.

집단토의 안건 제안 (　　월　　일)	
제안자 이름	
안건 내용	
이 일에 대한 나의 감정	
해결을 위해 스스로 사용해본 방법	

집단토의 시간 정하기

일주일에 한 번이든 두 번이든 약속된 시간을 정하는 것이 좋습니다. 시간표에 명시하여 두거나 아침 시간을 활용해도 좋습니다. 우리 반에서는 아침 시간에 여는 마당이라는 형식을 두고 10분씩 집단토의를 하기도 했습니다. 시간이 부족하여 월요일은 격려와 감사 나누기, 화요일은 지난 주 해결책 확인하기, 수요일, 목요일은 안건 다루기, 금요일은 이번 주 집단토의 평가하기로 나누어 진행했습니다. 다른 해에는 매주 금요일 오후 자치 시간을 활용하여 집단토의를 하기도 했습니다.

시간을 정해두면 자신의 안건이 언제 다루어지는지 알 수 있어 기다릴 수 있는 여유가 생깁니다. 우리 반 아이들은 집단토의를 통해 불편했던 일들이 해결되는 것들을 보면서 자연스럽게 집단토의의 중요성을 인식하게 되고, 당장 다투거나 화낼 일도 다음 집단토의가 있을 때까지 기다릴 줄도 알게 되었습니다. 개인적인 문제도 공동체의 문제가 되고, 그 문제를 함께 의견을 내어 해결하면서 집단 공동체로서 소속감을 느끼게 되는 것입니다.

또 그 기간 동안 문제가 자연스럽게 해결되거나 자신의 힘으로 직접 문제를 해결해나가는 경우도 많습니다. 해결이 되었다면 어떻게 해결이 되었는지 간단하게 언급만 하고 다른 안건으로 넘어가면 됩니다.

사회자 선정하기

처음에는 선생님의 주도하에 집단토의가 진행됩니다. 몇 번의 집단토의로 아이들이 토의에 익숙해지면 아이들이 직접 집단토의를 진행하면 됩니다. 사회자는 모두가 돌아가면서 해보게 했습니다. 이는 모두가 집단토의 참여에 책임감을 갖고 리더십을 발휘할 수 있는 기회도 경험해볼 수 있다는 장점이 있습니다. 우리 반의 소극적인 아이 한 명은 사회자로 나서는 것을 두려워하며 무슨 말을 해야 할지 잘 모르겠다고 못 하겠다고 한 적이 있습니다. 그때는 선생님이 옆에서 "지금 ~~라고 물어볼래?" 하면서 조언해주니 어렵지 않게 진행할 수 있었습니다.

04

집단토의를 해봐요

아이들이 집단토의로 주로 내는 안건은 친구 관계에 관련된 내용이 많고, 수업 시간이나, 쉬는 시간, 점심 시간, 숙제, 1인 1역 등에 관한 내용도 나옵니다.

우리 반에서 나왔던 대표 안건들

- ㅇㅇ이가 모둠 활동을 잘 안해요!
- 선생님이 안 계실 때 반장이 말을 너무 함부로 해요!
- 친구들이 반장 말을 잘 안 들어줘요!
- 지각하면 어떻게 할까요?
- 복습노트를 더 잘 쓰려면 어떻게 하면 좋을까요?
- 수업 시간에 너무 떠들어요!
- 쉬는 시간에 너무 시끄러워서 다른 활동을 할 수가 없어요!

- 점심 시간에 독서하고 싶어요!
- 아침 시간을 어떻게 하면 알차게 보낼 수 있을까요?
- 친구랑 싸웠는데 화해할 방법을 모르겠어요.
- 모둠 역할을 안 하는 친구는 어떻게 해야 하나요?
- 짝꿍이 자꾸 욕을 해서 힘들어요.
- 놀리지 않았으면 좋겠어요.
- 수업 시간을 잘 지키면 좋겠어요.
- 1인 1역을 잘 안 해요!
- 발표를 꼭 해야 하나요?
- 보드게임 사용 규칙을 정해야겠어요!
- 신발장 문을 자꾸 열어두는 친구가 있어요!
- 가방 때문에 발에 걸려 넘어져요.
- 친한 친구랑 같이 앉고 싶어요!
- 숙제를 안 해오면 어떻게 할까요?
- 급식 순서를 어떻게 정할까요?
- 교과 담임선생님 시간에 다른 숙제를 하거나 책을 읽어요!
- 교과 담임선생님께 함부로 대해요!

이 중에서 우리 반에서 했던 집단토의 안건 몇 개를 골라 소개해보겠습니다.

욕을 하는 친구 때문에 힘들어요!

보통 아이들을 교실에서 볼 때 욕을 하는 모습을 대놓고 보진 않아서 그렇게 욕을 많이 하는지 몰랐습니다. 가끔 한두 명씩 선생님께 와서 ○○이가 욕을 했어요. 자꾸 욕을 해서 듣기 싫어요. 정도의 이야기로 몇몇 아이들은 욕을 하는구나 짐작할 뿐이었습니다.

아마 아이들은 선생님 앞이라 조심하지만 선생님 눈을 벗어났거나 학교 밖에 있을 때 욕을 더 많이 사용하는 듯하였습니다. 나이가 더 많은 형제, 자매가 있는 경우 욕을 배워오기도 하고, 영화나 드라마 등에서 욕을 듣거나, 다른 친구들에게서 욕을 듣고 따라하기도 합니다.

욕을 많이 한다는 집단토의 안건지를 보고 과연 우리 반 아이들의 욕하는 수준은 어느 정도일까 상상해보았습니다. 욕을 아예 안 하는 수준 0점부터 욕을 많이 사용하는 수준 10점까지 점수를 두면 아마 4점 정도 나오지 않을까 싶었습니다. 아이들이 순진한 편이고 대놓고 보이는 나쁜 모습들이 별로 없으며 PC방에 자주 가거나 나이가 많은 형제, 자매가 있는 아이들 위주로 몇 명 욕을 하고 있을 것이라는 생각이 들었기 때문입니다.

집단토의가 시작되었습니다. 〈격려와 감사하기〉 활동이 지나고, 안건 내용을 읽으면서 우리 반 아이들에게 욕하는 수준이 과연 몇 점이나 된다고 생각하는지 질문하였습니다. 저는 아이들의 대답을 듣고 깜짝 놀랄 수밖에 없었습니다. 6점 이하라고 생각하는 아이는 단 한 명도 없었고 7점과 8점이 몇 명 있고 80%이상의 아이들이 9점을 선택했습니다. 아이들 모두 친구들이 욕을 하는 것이 심각한 수준이라고 인지하고 있는 것입니다. 와, 입이 다물어지지 않았습니다. 이번 안건이 아니였다면 아이들이 이렇게 욕을 많이 쓰고 있다는 것을 알아차리지 못했을 것입니다.

일단 심각한 상황에 대해 더 이야기를 해보기로 하였습니다. 어떤 상황에서 주로 욕을 쓰는지, 욕을 들으면 기분이 어떤지, 어떻게 반응하는지 등에 관해 마이크를 돌렸습니다. 어떤 아이는 단짝 친구와 다투게 되었는데 친구로부터 심한 욕을 들으니 정신이 없었다는 이야기를 하였습니다. 지금은 화해하고 다시 친하게 지내지만 아직도 그때 기억을 잊을 수 없다는 말을 하였습니다. 또는 다들 욕을 쓰는데 나만 쓰지 않으면 바보가 된 것 같아서 쓴다는 아이도 있었습니다. 평소에 욕을 하지 않던 아이들도 SNS 등의 인터넷 상에서는 대부분 욕을 한다는 것이었습니다. 아이들 역시 욕을 들으면 똑같이 욕을 하지만 기분이 좋지 않다며 상대방이 말을 이쁘게 해줬으면 하고 바랐습니다.

다양한 아이들의 이야기를 들으면서 욕을 안 할 수 있는 효과적인 방법이 없을까를 고민해보게 되었습니다. 이렇게 욕을 많이 하는 상황에서 바로 0점 수준인 욕을 아예 안하기로 변화하기를 바라는 것은 쉽지 않은 일 같았습니다. 그래서 적어도 5점 수준으로 낮춰보자는 목표를 가지고 효과적인 문제 해결 방법을 〈돌아가며 말하기〉로 아이디어를 찾아보았습니다.

우리 반 아이들이 찾은 아이디어는 '욕을 하면 바로 뒤를 돌아보며 자리 피하기' 또는 '욕을 하면 노래 부르기'였습니다. 처음에 '욕을 하면 노래 부르기' 아이디어가 나왔을 때는 모두가 장난처럼 생각해 웃어넘기려 하였는데, 아이디어를 낸 아이가 적극적으로 노래를 부르면서 흉내를 내자 결국 좋은 아이디어로 채택되었습니다. 아이디어가 채택된 후 역할 놀이처럼 시범을 보여주었습니다. 한 명이 삐리리하고 욕을 하는 시늉을 하자, 욕을 듣고 있는 아이와 그 주변에 있는 아이들이 갑자기 노래를 부르는 것입니다. 오히려 욕을 한 아이가 민망해하고 주변 아이들은 분위기가 즐겁게 욕이 아닌 다른 화제로 전환되는 역할극을 볼 수 있었습니다.

집단토의 이후 쉬는 시간에 가끔 아이들이 모여 노래 부르고 있는 모습을 볼 수 있었습니다. 재미있는 문제 해결방법을 선택해서 모두가 즐겁게 규칙을 만들고 지키고 있는 모습을 보며 역시 아이들다운 해결방법이라는 생각이 들었습니다.

숙제를 잘 안 해와요!

이번 안건은 선생님이 낸 안건입니다. 숙제를 많이 내주는 편이 아닌데 일주일에 한두 번의 숙제도 안 해오는 아이들이 자주 생겨났습니다. 늘 숙제를 안 해오는 3인방이 있었습니다. 수업을 하려고 보면 숙제가 되어 있지 않아 수업 활동을 시작하기가 곤란한 경우가 생겨났습니다. 숙제를 알림장에 적어주면서 세 명을 향해 특별히 가방에 숙제할거리를 잘 챙겼는지 확인하고, 이번에는 꼭 숙제를 해오라는 당부도 잊지 않았으나 다음 날이면 가방을 열어보지도 않은 채로 그대로 왔습니다. 아침에 와서도 숙제했는지 일일이 물어보고 안 했으면 아침 시간에라도 하라고 신경을 쓰지만 효과가 없었습니다. 선생님 혼자 문제 해결을 고민할 것이 아니라 모두가 함께 풀어야 할 숙제라고 생각했습니다.

오늘은 우리 반 아이 한 명의 '격려샤워'가 있는 날이었습니다. 마침 숙제를 잘 해오는 아이여서 선생님이 먼저 격려를 시작했습니다.

"ㅇㅇ이는 자신의 맡은 일을 책임지고 열심히 하는 모습이 자주 보였어요. 숙제도 늘 잊지 않고 열심히 해오는 모습이 보기 좋습니다."

선생님이 숙제에 관한 이야기를 하자 다른 아이들에게서도 숙제에 관한 격려의 말이 많이 나왔습니다. 숙제를 안 해오는 3인방 역시 숙제에 관한 격려를 말했습니다.

그리고 나서 오늘의 안건을 다루게 되었습니다. 먼저 숙제에 대하여 어떻게 생각하는지 이야기를 나누었습니다. 숙제가 많은지,

적은지, 우리 반은 숙제를 성실하게 하는 편인지, 자꾸 안 하는 아이들은 어떻게 하면 좋은지, 숙제를 꼭 해야 하는지 등의 이야기들이 나왔습니다. 아이들 모두 숙제를 안 해오는 3인방에 대한 관심이 높았습니다. 세 아이들이 자신의 이야기를 하기 시작했습니다. 오늘 나온 모든 이야기가 자기 이야기 같다, 숙제를 해오려고 했는데 자꾸 까먹는다, 숙제가 많은 것 같다, 어렵다, 앞으로는 잘 해오겠다 등의 이야기였습니다.

이것은 숙제를 안 해오는 아이들만의 문제가 아니라 우리 반 전체의 문제임을 이야기하고 모두가 숙제를 잘 해오기 위해서는 어떻게 하면 좋을지 마이크를 돌렸습니다. 이날 채택된 아이디어는 알림장 쓸 때 모둠의 이끔이가 숙제할 책과 공책을 가방에 챙겼는지 확인해주기, 집에 가서 자기 전에 알림장을 확인하고 숙제가 있으면 자기 전에 반드시 하고 자기, 아침에도 다시 한번 알림장 확인하며 가방 싸기였습니다.

집단토의를 한 날 바로 숙제를 내주었습니다. 알림장을 적을 때 보니 이끔이들이 바쁘게 움직였습니다. 가방에 교과서와 공책을 잘 넣었는지 서로 확인해주고 있는 것이었습니다. 알림장 검사를 맡은 반장도 확실하게 알림장을 확인했습니다. 다음날은 그렇게 모두가 숙제를 다 해오는 역사적인 날이 되었습니다. 그런데 그 다음 숙제를 내준 날은 또 몇 명이 안 해오기도 했습니다. 그렇게 일주일이 지나 다음 집단토의 시간이 되었습니다. 일주일간 실천한 지난 안건의 해결책을 확인했습니다. 마이크로 돌아가며 말하기를 통해 대부분의 아이들이 좋은 내용을 이야기하였습니다. 이 끔이가 점검해주니 숙제를 잘 챙기게 되었다, 자기 전에 알림장을 확인하려고 노력하니 숙제를 밤 늦게라도 꼭 한다, 서로 챙겨주니 좋다, 이끔이로서 모둠 아이들이 숙제를 다 해오니 뿌듯하다, 기분이 좋다 등등이었습니다. 한 명의 아이는 안 좋은 내용도 있었습니다. 이끔이가 눈으로 직접 검사를 안 하거나 말로만 대충해서 검사를 잘 안 해준다, 나 스스로 챙겨간다, 우리 모둠 이끔이는 역할을 제대로 안 한다, 그래서 오늘 안건으로 모둠 활동 역할에 소홀한 친구에 관한 내용을 적었다는 내용이었습니다. 모둠 활동 역할에 관한 안건은 이따 안건으로 다루어보도록 하고 혹시 숙제를 잘 하기 위한 문제 해결 방안을 더 이야기 할 사람은 해보라고 하였습니다.

잘되고는 있으나 여전히 안 해오는 몇 명의 아이들을 위해 아침 시간에도 검사를 미리 하자는 의견이 나왔습니다. 이끔이가 아침에 오면 모둠원의 숙제를 확인하고 혹시 안 되어 있는 친구는 아침 시간, 쉬는 시간을 이용해서 숙제를 해결하여 수업 전까지 모두가 숙제를 할 수 있도록 지원해주자는 의견이었습니다. 그 뒤로 숙제를 안 해오던 3인방 중 둘은 지난 일주일간 모든 숙제를 다 해왔습니다. 두 아이에게는 잘하고 있다고 격려해주고, 나머지 한 아이도 계속 격려해서 숙제를 잘하는 반으로 만들어보자는 좋은 의견도 나왔습니다.

복습노트를 잘 쓰려면 어떻게 할까요?

집단토의의 안건이 되는 내용은 다양합니다. 집단토의의 주제가 반드시 문제 상황이어야 할 필요는 없습니다. 복습노트를 어떻게 하면 잘 쓸 수 있을까? 효과적인 복습법은 무엇일까? 이런 내용도 훌륭한 안건이 됩니다. 우리 반 사례를 집단토의 시나리오로 살펴보도록 하겠습니다.

사회자: 첫 번째 안건입니다. 복습노트를 어떻게 하면 잘 쓸 수 있을까요? 안건자가 먼저 이야기해주십시오.

안건자: 복습노트를 작성하는데 생각보다 쉽지 않았습니다. 저도 잘하고 싶었는데 잘 모르겠어요!

안나: 저도 복습노트를 쓰는 것이 너무 어렵습니다. 집에만 가면 기억이 안 나요.

사회자: 그럼 다들 자신의 복습노트 쓸 때를 생각하면서 좋은 방안이 있으면 이야기해 주십시오.

(마이크를 오른쪽으로 돌린다.)

수진: 쉬는 시간을 활용해서 수업이 끝나자마자 바로 수업 내용

을 정리하면 잊어버리지도 않고 배운 내용을 정리하기도 쉬워요.

민희: 저도 학교에서 복습노트를 작성하고 가는데 쉬는 시간이 부족하면 방과 후 시간까지 활용해서 전부 해버리고 갑니다. 그러면 집에 가서 따로 복습노트를 작성하지 않아도 되어서 좋아요.

다함: 저는 집에 가서 자기 전에 복습노트를 합니다. 학교에서 배운 내용을 간단하게 메모하고 가서 그 내용을 더 구체적으로 작성합니다. 그러면 다시 배운 내용이 새록새록 기억이 납니다.

새롬: 공책 정리한 거랑 교과서를 참고해서 쓰면 잘 쓸 수 있어요.

민지: 처음에는 색연필로 그림도 그리고 꾸몄는데 너무 시간이 오래 걸려서 이제 간단하게 글만 쓰는데 굳이 그림을 그릴 필요는 없는 것 같아요.

(다양한 방법이 나옵니다.)

사회자: 친구들이 이야기한 내용을 참고하여 복습노트를 더 잘 써보도록 합시다. 다음 안건으로 넘어가겠습니다.

집에 가서 숙제를 안 해도 되고 잊어버리기 전에 빨리 쓴다는 아이디어가 좋았나봅니다. 갑자기 쉬는 시간이 조용하길래 살펴봤더니 아이들이 복습노트를 쓰고 있었습니다. 덕분에 복습노트를 안 써오는 친구들이 많이 줄었습니다.

대부분은 문제 상황이 안건으로 많이 나오지만 이렇게 무언가를 더 잘하는 방법에 대한 논의도 안건으로 다루면 좋습니다. 한두 명의 의견이라도 자기 일처럼 걱정해주고 내 일처럼 문제 해결을 도와주려는 마음가짐이면 충분합니다.

집단토의는 토의의 내용이나 결과가 어떻게 흘러갈지 예상하기 어렵기도 합니다. 선생님이 개입하지 않고 오로지 아이들의 의사결정을 따르기 때문에 가끔은 선생님이 의도한 방향대로 흘러가지 않을 때도 있었습니다. 마음속으로는 '앗, 이게 아닌데!'를 외친 적도 많았습니다.

마음속으로는 어떤 방향으로 결정되면 좋겠다는 생각이 있긴 하지만 티내지 않고 아이들의 결정을 믿고 따라줍니다. 결국 그 모든 행동을 실천하는 것은 아이들이니까요. 만약 그 결정이 잘못되었다면 그 결과를 받아들이는 것도 아이들이 됩니다. 실패를 통해서 배우는 것도 많습니다. 선생님의 의도대로 되지 않는다고 억지로 회의를 중단시키거나 선생님이 개입하면 안 됩니다. 그저 아이들이 모든 규칙과 생활에 모두가 참견하고 아이들의 행동을 스스로 결정하며 그 결정의 책임을 자연스럽게 받아들이는 공부를 한다고 생각하면 좋습니다. 선생님은 언제든지 도움을 요청하면 도와줄 수 있는 그 자리에 그대로 우아하게 기다리면 됩니다.

긍정적인 응원이 숨쉬는 교실을 위해

나보다 어린 사람이 못마땅한 행동을 하면 어른들은 흔히 이렇게 질문합니다. "너 몇 살이야?"

중학생들에게는 "너 초등학생이니?"라고 하고 초등학교 고학년 학생들에게는 "너 저학년이니?"라고, 초등학교 저학년 학생들에게는 "너 유치원생이니?" 심지어 어린이집에 다니는 제 딸에게는 "너 아직도 아가니?" 라고 묻습니다. 어떤 순간을 살아가고 있더라도 "아니요" 하고 고개 숙이게 만드는, 책임감을 벗어날 수 없는, 숨이 턱 막히게 하는 질문입니다. 이것이 잔소리의 시작입니다. 그리고는 이만큼 클 동안 무얼 배웠느냐, 왜 말을 안 듣냐, 왜 밥을 잘 안 먹냐, 왜 친구랑 싸우냐 등등의 잔소리가 펼쳐지기 시작합니다. 다다다다 잔소리를 쏟아내는 내 앞에는 사실 아무도 없습니다. 몸만 덩그러니 멍한 눈동자와 함께 있을 뿐입니다.

한마디를 하더라도 효과적인 잔소리를 하고 싶었습니다. 처음한 번의 잔소리가 두 번 세 번으로 번지는 잔소리 말고 긍정적인 응원이 숨쉬는 교실을 이끌고 싶었습니다. 학생이니까 무조건 해야 한다는 억지와 호통 말고 상호 존중이 싹트는 교실을 이끌고 싶었습니다. 선생님이 주인인 교실 말고 아이들이 주인으로 꽃피는 교실을 이끌고 싶었습니다. 물론 잔소리는 안 할수만 있다면 더더욱 좋고요.

사실은 제 책은 제목부터가 역설을 담고 있습니다. 어떻게 잔소리가 우아할 수 있을까요? 잔소리는 모두가 듣기 싫어하는 부정적인 요소가 강합니다. 그렇다고 잔소리 없이 학급을 이끌어 나가는 것도 쉽지 않습니다. 선생님들도 잔소리하기 싫다고 소리없는 아우성을 외치고 있지 않은가요? 그래서 제 책은 역설적입니다. 효과적인 잔소리에 대해 이야기하면서 잔소리는 없으면 더 좋다며 잔소리하지 말자는 이야기를 풀어나가고 있으니까요.

이제야 말하지만 제 책의 주인공은 잔소리가 아니라 자율성입니다. 아이들을 존중하고 아이들 스스로 자립할 수 있게 문제 해결법과 의사소통법 등을 가르쳐 자율적으로 성장할 수 있도록 하자는 것입니다. 이 책에서 자율성을 높이기 위한 방법으로 여러 가지 사례를 들어 이야기를 풀어보았습니다. 학교에서 생활하는 시간 동안 아이들의 이야기를 경청하고 서로 격려할 수 있게 하며 사회적 관심을 높여주는 방법을 활용해 자율성을 높일 수도 있습니다. 또는 적극적인 집단토의를 활용해 자신의 행동을 결정하고 책임지는 자율성을 경험하게 할 수도 있습니다. 아이들은 서로 감정을 공유하고 고민을 토로하며, 교실 속 문제를 함께 해결해나가는 과정을 통해 많은 것을 배웁니다. 학급의 일이 내 일이라는 책임감을 지니고 모든 일을 토의를 통해 결정하고 행동하며 그 결과에 책임을 지게 됩니다. 때로는 결정에 실패할 때도 있지만 그 실패는 많은 배움을 가져다주기도 합니다.

아들러 상담심리학자들이 상담할 때 사용하는 삼각주라는 것이 있습니다. 카운슬링 피라미드라고도 하는 이 삼각주는 삼각뿔 모양으로, 바닥면을 제외하고 세면에 각각 '나쁜 그 사람', '불쌍한 나', '앞으로 어떻게 해야 할까?' 가 쓰여져 있습니다. 교실에서 문제 상황에 생기면 아이들은 대부분 나쁜 그 아이에 대해 불평불만을 하거나(나쁜 그 사람), 자신의 불편이나 억울함에 대해 호소합니다(불쌍한 나). 아이들은 삼각주의 마지막 한 면을 잘 찾아보지 않습니다. 하지만 사실 우리가 실제 학급에서 가장 이루고 싶어하는 것은 '앞으로 어떻게 해야 할까'를 통해 더 이상 문제 상황을 만들지 않는 것입니다. 선생님들께서 이 책을 통해 이 세 번째 삼각주의 면을 들여다볼 수 있었으면 좋겠습니다. 아이들이 왜 잘못했는지, 무엇이 문제인지보다 어떻게 하면 해결할 수 있을지, 어떻게 하면 더 이상 이런 문제가 생기지 않을지 함께 고민하는 것입니다.

모두가 똑같은 위치에서 격려받고, 격려할 수 있는 그런 학급을 꿈꾸며 이 책을 마칩니다.

이 책과 더불어 읽어볼 만한 책들을 소개합니다. 여러 책을 읽으면서 아들러 심리학에 대해 더 많이 고민한 덕분에 이 책도 세상에 나올 수 있게 되었죠. 아들러와 아들러 심리학에 관해, 자율성을 존중하는 학급경영에 관심이 있다면 아래 목록이 참고가 될 것입니다.

- **미움받을 용기**(기시미 이치로, 고가 후미타케 지음, 전경아 옮김, 인플루엔셜, 2014)
- **아들러 심리학을 읽는 밤**(기시미 이치로 지음, 박재현 옮김, 살림, 2015)
- **교사를 위한 아들러 심리학**(유리향, 선영운, 오익수 지음, 학지사, 2018)
- **아들러 심리학을 읽는 밤**(기시미 이치로 지음, 박재현 옮김, 살림, 2015)
- **아들러와 함께하는 행복한 교실 만들기**(Rudolf Dreikurs, Bernice Bronia Grunwald, Floy C. Pepper 지음, 전종국, 신현숙, 이동훈, 이영순, 이승연, 천성문 옮김, 학지사, 2013)
- **격려하는 선생님**(이해중, 김정희, 김선희, 김선우, 조회진, 강지영, 오

익수 지음, 학지사, 2017)

● 마음을 얻는 지혜, 경청(조신영, 박현찬 지음, 위즈덤하우스, 2007)

● 친절하며 단호한 교사의 비법 학급긍정훈육법(제인 넬슨, 린 로트, 스티브 글렌 지음, 김성환, 강소현, 정유진 옮김, 에듀니티, 2014)

● 친절하며 단호한 교사를 위한 학급긍정훈육법 활동편(테레사 라살라, 조디 맥비티, 수전 스미사 지음, 김성환 옮김, 에듀니티, 2015)

● 친절하며 단호한 교사를 위한 학급긍정훈육법 문제 해결편(제인 넬슨, 린다 에스코바, 케이트 오토라노, 로즐린 더피, 데버라 오언-소히키 지음, 김도윤, 김나이, 김연태, 김은미, 안진수, 이정숙 옮김, 에듀니티, 2016)

● 눈물 없는 훈육(Rudolf Dreikurs, Pearl Cassel, Eva Dreikurs Ferguson 지음, 최창섭 옮김, 원미사, 2007)

● 긍정의 훈육: 4~7세 편 (제인 넬슨, 셰릴 어윈, 로즐린 앤 더피 지음, 조고은 옮김, 에듀니티, 2016)

● 아들러의 격려(W. 베란 울프 지음, 박광순 옮김, 생각정거장, 2015)

● 엄마와 아이 사이 아들러식 대화법(하라다 아야코 지음, 박지석 옮김, 진선출판사, 2016)

● 살아있는 협동학습(이상우 지음, 시그마프레스, 2009)

- **협동학습**(스펜서케이건 지음, 중앙기독초등학교 협동학습 연구회 옮김, 디모데, 1999)
- **EBS 학교란 무엇인가**(EBS교육대기획초대형프로젝트, EBS 학교란 무엇인가 제작팀, 중앙북스, 2011)
- **공부생 노트필기**(최귀길 지음, 마리북스, 2012)
- **생활지도를 위한 Socionet의 개발과 학급 적용**(안이환, 한국초등상담교육학회, 2018)

- 논문: 학급 단위 또래상담 프로그램이 아동의 Socionet에 미치는 효과(홍지연, 광주교육대학교 교육대학원, 2014)
- 방송: EBS 학교란 무엇인가

이 책을 출판할 수 있게 도움과 용기를 주신 분들께 감사드립니다. 광주교육지원청의 지원은 제 오랜 소망이었던 작가의 꿈을 실현하게 도와주었습니다. 특히 박우정 장학사 님과 김옥희 장학사 님께 감사드립니다. 제 재능을 찾아주시고 제 일에 앞장서 나서주시며 격려해주신 점 잊지 않겠습니다.

제가 아들러리안으로 입문할 수 있게 해주신 광주교육대학교 오익수 교수님께 감사드립니다. 바쁘실 텐데 제 책을 읽고 해주신 따뜻한 조언, 잊지 않겠습니다.

신용초등학교 선생님들께 감사드립니다. 말도 안 되는 초고 읽어주며 여러 아이디어를 공유해주어 책을 쓰는 데 많은 도움이 되었습니다.

우리 담임 선생님 책 쓴다고 격려해준 신용초등학교 5학년 2반 우리 반 친구들도 고마워!

마지막으로 두 아이와 함께 놀아주며 뒤에서 응원해준 남편에게 감사와 사랑을 전합니다.

30시간 2학점 원격연수

친절하며 단호한 훈육법으로
행복하고 민주적인 교실 만들기

친절하며 단호한 교사의 비법
학급긍정훈육법

친절하게 대하는데도 학생들이 예의 바르고, 단호하게 대하는데도 학생들과 친밀할 수 있는 구체적인 방법을 긍정훈육법으로 알려드립니다.

강의 김성환
http://pd-korea.net/

現 조현초등학교 교사(초등교사 14년) / EBS-e "최고의 영어교사" 출연
PD&PDC Educator, PDTC(Positive Discipline Trainer Candidate)
역서 학급긍정훈육법, 학급긍정훈육법 활동편

직무연수 2학점(30시간)

뇌과학으로 시작해서 또래효과까지
학습법에 대한 오해와 진실
사교육을 이기는 공교육 효과

공부를 공부하다

공교육 전문가과 사교육 베테랑이 만난 내놓은 공부 해법!
학교에 기대가 없는 학부모들이 사교육으로 전력 질주하는 현실에서 교사로서 해답이 필요하다면〈공부를 공부하다〉를 만나보자!

강의 박재원
사람과교육연구소 부모연구소 소장

15시간 1학점 원격연수

시간과 감정을 소모하지 않고
학생들과의 관계를 회복하는 마법 같은 3단계 훈육법

행복한 교실을 위한,
1-2-3 매직

"하나, 둘, 셋! 숫자만 셀 뿐인데, 생활지도 문제가 해결된다고?"
교사에게 점점 더 많은 것들이 요구됩니다.
아이들을 더 잘 가르치기를 요구하고, 더 친절하기를 요구하고, 더 많은 일을 해내기를 바라고 있습니다.
선생님에게 가장 힘든 일은 무엇인가요? 교실이 무너지면 교사는 한없이 지치고 힘들어집니다.
생활지도의 끝판왕이라고 할 수 있는 1-2-3 매직이 교실의 문제들을 해결하도록 도와줍니다.

강사 **박종근**
1-2-3 매직 코리아 대표
1-2-3 매직 코리아 마스터 에듀케이터